企业管理

制度与流程控制策略

曲永军 著

中国铁道出版社有限公司
CHINA RAILWAY PUBLISHING HOUSE CO., LTD.

北 京

图书在版编目(CIP)数据

企业管理:制度与流程控制策略/曲永军著 . —北京:
中国铁道出版社有限公司,2023.5
ISBN 978-7-113-29956-9

Ⅰ. ①企… Ⅱ. ①曲… Ⅲ. ①企业管理 Ⅳ. ①F272

中国国家版本馆 CIP 数据核字(2023)第 028725 号

书　　名:**企业管理——制度与流程控制策略**
　　　　　QIYE GUANLI:ZHIDU YU LIUCHENG KONGZHI CELÜE
作　　者:曲永军

责任编辑:马慧君　　　　**编辑部电话:**(010)51873005　　　　**电子邮箱:** zzmhj1030@163.com
封面设计:尚明龙
责任校对:苗　丹
责任印制:赵星辰

出版发行:中国铁道出版社有限公司(100054,北京市西城区右安门西街 8 号)
网　　址:http://www.tdpress.com
印　　刷:天津嘉恒印务有限公司
版　　次:2023 年 5 月第 1 版　2023 年 5 月第 1 次印刷
开　　本:710 mm×1 000 mm 1/16　**印张:**14.5　**字数:**176 千
书　　号:ISBN 978-7-113-29956-9
定　　价:68.00 元

前　言

　　一家企业，不管目标如何远大、计划如何翔实，如果不能有效执行，最后也谈不上发展壮大。企业强大的执行力要依靠规范的制度与流程。

　　从"人治"走向"法治"是一家企业发展壮大的必然条件。制度可以解决企业内部权责分配的问题，明确工作应该如何做、怎样做好、违反规定有什么惩罚。规范的制度可以让每项工作都有人负责，不会出现推诿扯皮的现象。流程可以解决企业内部的协调问题，打破部门"墙"，提高组织协同性。企业中的任何一个人只需要看一眼流程图就能知道自己的位置，明确向谁汇报工作、对谁负责以及与其他人的工作关系、沟通渠道和职权关系等。借助制度与流程，管理人员可以更方便地协调各项业务，既降低了运营成本，也提升了工作效率。

　　很多企业都依靠制度与流程管理从行业中脱颖而出并发展壮大，例如麦当劳员工从入职到上岗仅需 6 小时，其原因就是麦当劳的所有工作都已简化为简单实用的流程，新员工能快速上手操作。

　　如何制定合理的制度和流程？

　　首先，制度要设计合理，切合实际。制度就像企业中的"鞭绳"，在制度的鞭策下，能出现一流的员工，能创造非凡的成就。企业是由人组成的，每个人都想从中获得更多的利益，而制度就是保证利益公平分配的基础。如果让某个人或者某些人掌握利益分配的权柄，而不加以约束，那么就容易出现分配不均、推诿扯皮的问题。分配者会将利益向自己人倾斜，被分配者则会想尽办法获得更多的利益并逃避承担责任，最后会造成公司管理混乱，形成少数人得利、公司失利的情况。如果有了制度加以约束，就可以提前划分好责任和利益，消除工作中的灰色地带，保障公司和大多数员工的利益。另外，制度不是挂在墙上的，而是实际运用到企业经营管理过程中的。因此，制度要符合实际，否则企业的制度再好，若是与企业实际情况不符合，也只是一纸空文。

其次，流程要高效顺畅、精简规范。流程的出现是企业进步和发展的标志，有了流程企业的成员能更顺畅地协作，能有章可循。然而，流程也可能存在一些弊端，过于复杂冗长的流程，不仅不能提升工作效率，反而会让各个节点上的员工心力交瘁、丧失斗志。因此，流程应该是高效顺畅、精简规范的。从工作开始到结束的整个流程应该是实现目标的最短路径，在这条路径上，每个人发挥着自己的专长，且信息共享、高效协同。

最后，要重视制度与流程的执行。想要制度与流程改善管理状况，充分执行是关键。如果制度与流程不能彻底落地，在企业中推行开来，并成为每个员工的工作习惯，那么再好的制度与流程也都是纸面文章，无法发挥真正的效力。

本书以企业管理为主题，讲述了企业如何设置制度与流程进行高效管理。书中对很多管理问题进行了梳理和解答，可以帮助企业管理者开拓思维，提升管理效率。

曲永军

2023 年 2 月

目　录

上篇　有制度，管理效果显著

第一章

管理制度：别让团队成为一盘散沙

第一节　靠人情不如靠制度 / 2

第二节　契约化维系团队共识 / 7

第三节　战略和文化是支撑制度实施的坐标轴 / 10

第二章

设置制度：依法治企是管理新常态

第一节　什么样的制度是好制度 / 15

第二节　如何设置制度 / 20

第三节　企业必备制度清单 / 25

第三章

执行到位:强化过程控制确保结果

第一节　令出必行,制度不容侵犯 / 37

第二节　培养领导力,带出高战斗力团队 / 41

第三节　细节制胜,关注重要环节 / 44

第四节　适当授权,执行要有专人负责 / 49

第四章

严格监督:让各项动态尽在掌握中

第一节　会监督,制度才可以落地 / 51

第二节　建立完善的监督体系 / 55

第三节　消除监督死角,拒绝表面功夫 / 59

第五章

考核评价:以公平原则衡量员工表现

第一节　考核必须公平、公正 / 64

第二节　如何才能把考核做到位 / 72

第三节　根据考核结果评价员工 / 77

第六章

奖惩方案：激励和处罚都不能少

第一节　竞争点燃团队效率 / 83

第二节　树立应有的权威 / 86

第三节　赏罚分明，才能秩序井然 / 91

第七章

凝聚人心：终极目标是打造归属感

第一节　心在一起才能叫团队 / 97

第二节　巩固人心的关键在于沟通 / 101

第三节　解决员工之间的分歧 / 106

下篇　有流程，管理效率加倍

第八章

管理流程：工作必须有章可循

第一节　流程管事迫在眉睫 / 112

第二节　流程管事的三种必备工具 / 118

第三节　设计关键节点，避免重复劳动 / 125

第九章

人力资源管理流程：以员工为核心

第一节　人事管理流程设计 / 131

第二节　行政管理流程设计 / 140

第十章

财务管理流程：纠错防错是关键

第一节　内部财务管理流程设计 / 148

第二节　外部财务管理流程设计 / 153

第十一章

产品管理流程：立足市场新格局

第一节　市场调研流程设计 / 161

第二节　产品研发流程设计 / 167

第三节　产品生产与升级流程设计 / 173

第十二章

销售管理流程：提高团队业绩

第一节　销售前期工作流程设计 / 180

第二节　销售中期工作流程设计 / 183

第三节　销售后期工作流程设计 / 190

第十三章

客户管理流程：优化服务体验

第一节　客户开发流程设计 / 194

第二节　客户服务流程设计 / 199

第三节　客户维护流程设计 / 203

第十四章

共享服务中心：流程标准化与规模化

第一节　流程需要标准化、体系化 / 208

第二节　共享服务中心：集中处理管理问题 / 212

第三节　如何建设共享服务中心 / 215

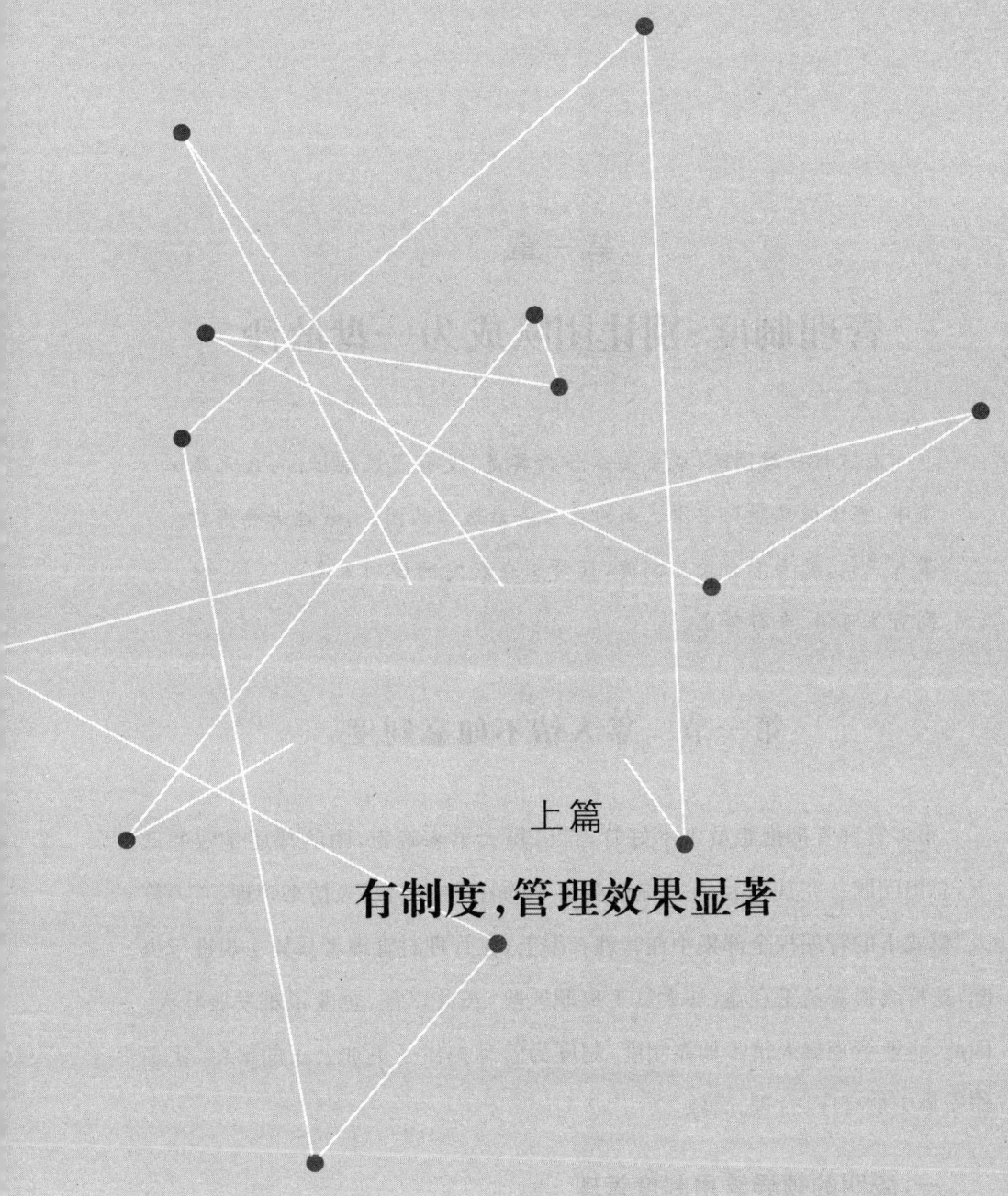

上篇

有制度，管理效果显著

第一章

管理制度:别让团队成为一盘散沙

有这样一种团队:成员要么各行其是,没有成果瞎忙;要么无所事事,想方设法敷衍耍滑。面对这样一盘散沙的团队,管理者要将其带入正轨,就要学会设置制度,让员工在既定的规则里高效运转,做到有法可依、令行禁止。

第一节　靠人情不如靠制度

很多管理者都抱怨员工不好管,自己每天早来晚走,团队却还是效率低下,总出问题。究其原因,主要是缺少科学的管理制度,靠人情来管理。"人管人"模式下的管理权全部集中在管理者手上,在管理时管理者只凭主观进行决断,这样会损害员工利益,加大员工离职风险,长此以往,企业很难发展壮大。因此,企业管理靠人情不如靠制度,制度为管理提供了更加公正的平台,让工作安排更加有序、合理、高效。

一、聪明的领导善用制度管理

人的精力是有限的,作为一个管理者,无法事事亲力亲为,也无法时时刻刻盯着每一个人。用自己大量的精力去管理员工无疑是愚蠢的，"人管人累死人"，聪明的领导者应该学会善用制度管理。

某公司有 10 条同样的生产线，每天产出 100 台左右的产品，生产能力一直无法提升。后来公司请来了人力资源专家对考核与激励制度进行了改革。

原本公司的考核与激励制度是每条生产线的生产目标为 100 台，超过 100 台可获得奖金 3 000 元。这个制度原本运行得还不错，但因为公司引进了新设备，导致几乎每条生产线都可以达成目标，考核与激励制度也就失去了激励的意义。公司原本想提高生产目标，但却引起了多数员工的抱怨与不满，直言公司不守信用。

人力资源专家针对此状况，帮助该公司设置了一个竞赛规则，即对每条生产线每月的产出得分（产出得分＝产量×质量系数）进行排名，并配合以奖惩措施。第一名奖金 10 000 元，第二名奖金 5 000 元，第三名奖金 3 000 元；倒数第一名张榜公布，以示惩戒。另外，连续两个月倒数第一，要承担第一名奖金的 50%；连续三个月倒数第一，要承担第一名奖金的 100%，并且线长需主动退位让贤。

这个新制度不仅给运营带来了很大改善，还免去了很多麻烦。管理者既不用定考核目标，也不会被员工讨价还价的声音弄得左右为难。公司管理变简单，员工乐于参与，生产效率大幅提升，这对线长和员工都起到了很好的激励作用。

二、没有制度，一切管理为零

一位老师带着一群孩子过马路，她让孩子们排成一队，手中拉着一根绳子。过马路时，有个孩子的鞋带开了，但他没有立刻系鞋带，而是走到马路对面后才系鞋带。

同样,企业管理也需要一根"绳子",并且让全员都拉住它。这样团队众人才会团结起来,高效地去达成目标。反之,如果管理者没有这根"绳子"或"绳子"松散,那么大家就不会对"绳子"产生敬畏感,进而让一切管理失效,导致企业陷入危机。很明显,这根"绳子"就是"制度"。

俗话说:"国有国法,家有家规。"每家公司都应该有一套合理的制度,公司里的每个人无论是老板、高层管理者还是员工都应该遵守制度,令行禁止,这样才能让制度具有权威性。有些管理者颁布制度后,只要求一般员工执行,自己却不执行,久而久之,上行下效,团队又回到了"人管人"的局面。制度的"口子"开得越大,制度执行就越费力,团队管理就越困难。

作为公司的领导者,你有没有遇到过这样的情况,你的下属不称呼你的职务,反而称呼你为哥或者姐。如果有,这种"熟人文化"也会导致团队制度形同虚设。这是因为你和下属是朋友关系,即使他犯了错,你也可能不会惩罚他。

管理者走"群众路线"无可厚非,但与下属称兄道弟是不可取的。下属犯错,违反了制度,结果管理者磨不开情面不了了之,最终导致下属得寸进尺,不拿制度当回事,整个团队管理失控。

但如果管理者与下属界限清晰,那么制度就好执行多了。下属犯错,公事公办,该怎么处罚就怎么处罚,都照制度来。这样久而久之,下属自然会敬畏制度,事事小心,因为犯错就会挨罚。

因此,管理者要想把团队带好,必须抛弃"熟人文化"建立"生人文化",不给违反制度的人留有空间,这样一来制度生效了,管理自然会越来越顺畅。

三、无印良品:管理 90%靠制度

无印良品从创立开始就保持着快速发展,但在进入 21 世纪后,其发展势

头却戛然而止。当时无印良品的董事长通过到店考察，发现团队的执行力不足，具体表现为：员工不知道干什么、不知道怎么干、干起来不顺畅。为了解决这些问题，董事长决定革新企业制度，提高执行力。

1. 明确标准

无印良品的董事长认为，如果企业缺乏标准，便无从改善。所谓标准指的是对工作的量化和标准化。

无印良品内部有两本工作指南，一本是《MUJI GRAM》，指导店铺日常服务和运营；一本是《业务规范书》，指导开发、策划等部门的业务规范。这两本手册将工作上会碰到的各种情况都进行了标准化，让员工有了明确的努力目标。

无论是公司经营、产品开发、卖场陈列，还是顾客接待，都有章可循。目前，无印良品的工作指南目前已有 2 000 页，无论员工碰到什么问题，即使主管不在场，只要参阅工作指南，也能解决问题，这让团队有了更高的执行力。

2. 流程控管

仅有工作指南还远远不够，为了不让 2 000 页的工作指南变成形式主义，无印良品的董事长意识到必须建立内部工作效率系统来确保制度的实施。于是无印良品建立了"DINA"系统，即 Deadline（完成期限）、Instruction（指示）、Notice（联络）、Agenda（会议记录）。将这个系统进行视觉化后，大部分工作都能毫无遗漏地执行，而且又快又好。

3. 18:30 后不加班，提高生产力

时间是最宝贵的资源。无印良品的每个任务都会给出时限并上传到企业内部的系统上标明进度,多部门信息共享,从根本上提升了工作效率。无印良品的董事长为了在企业内部实现 18:30 后不加班的目标,先从每周制定一个"无加班日"开始,逐渐增加到每周两天、三天不加班,直到实现近乎零加班,即使在必须加班的日子里,加班人数也能控制在 7% 以内。

这项规定改变了员工的思维方式,让他们开始思考"优先做什么事、不做什么事",让所有的行动都为最终结果负责。

4. 自下而上的沟通渠道

在企业规模扩大到一定程度时,企业的管理层级可能会变得非常复杂,基层员工很难直接与管理层沟通。这是典型的大企业病,即管理层与业务层脱节,懂业务的人是现场员工,而制定机制或规则的人却是与业务脱节的管理层。

为了倾听一线员工的声音,无印良品的董事长走访了 107 家门店,甚至与员工喝酒聊天倾听他们的真心话。《MUJI GRAM》的编写创造了一条自下而上的沟通渠道,每年无印良品总部都能收到来自门店的近两万份提案,从中酌情采纳四百余条建议。

5. 主动培育人才

员工是企业重要的资产。许多企业会想方设法挖掘优秀人才。而无印良品信奉与其用天价挖人才,不如在公司内部培育人才的原则。这是因为无印良品在业绩不佳时,也曾挖过有经验的人员来解决问题,但因为这些人与无印良品的理念不合,反而给公司造成了大混乱。

于是,无印良品建立了人才委员会和人才培育委员会,建设系统的人才培养制度,让人才从公司长出来,培育了许多谨记无印良品理念的、对公司真正有助益的人才。

无印良品靠着细化管理制度，成功走出了发展困境，实现了高效、有序发展。

第二节　契约化维系团队共识

任何一个想要成功的团队都需要在团队中建立一种契约，即工作准则。这种契约是通用的，是团队里每个人与他人交往的规范（精神层面或行为层面）。通过这个契约，管理者可以更容易地在团队中达成一致意见，从而保证团队始终保持一致步调。

一、打造忙而有序的团队

《礼记·乐记》中说："和顺积中，英华发外，唯乐不可以为伪。"无论是企业管理还是个人管理，只有内在和谐才能保证外在强大，而秩序则是保证内在和谐的根本。在现代企业中，秩序主要通过规范化的制度来体现。

李阳是一家塑料生产企业的生产部经理，自企业成立以来，产品的不合格率一直居高不下，而且成品也常常被客户投诉。为了改变这一现状，他多次与投诉的客户沟通，试图找到产品质量问题背后的根本原因。

通过收集的数据显示，超过80%的客户投诉的原因是塑料成品中有明显可见的杂质。找到问题后，李阳便来到生产车间询问了几名员工，他发现一个明显的制度漏洞：生产制度中有"有明显杂质、污点的产品视为废品"的规定，但为了降低不合格率，对于那些不太明显的杂质和污点，质检人员也就睁一只眼闭一只眼。但什么样的杂质、污点才算明显，什么样的算不明显？显然每个员工衡量的标准都不同，这种模棱两可造成了客户投诉。

越是模棱两可的工作，越应该制度化、规范化，李阳立刻细化了生产制度，明确规定杂质、污点的直径等于或大于 1 mm 的产品均视为不合格，他还专门给每位生产及质检人员配备了高精度量尺，以方便贯彻执行制度。

李阳的这种做法十分明智，将原来模糊不清的成品衡量标准实现了制度化，有明确详细的制度可循，这样不仅保障了产品的质量，也避免了部分员工钻制度的空子，还推动了企业生产环节的规范化。

从这个案例我们可以看出，经过李阳的调整，质检有了更规范、更细致的依据，团队生产秩序井然，变得更高效了。也就是说，越是规范的制度，越能帮助团队顺畅地运转，形成忙中有序的工作氛围。

二、与员工组成利益共同体

每家公司都希望打造成人人都有强烈主人翁意识的企业，希望每位员工以公司为家。然而实际却总是事与愿违。为什么员工不如老板做事上心，不如老板考虑周到？这是因为老板明白，自己为公司付出多少，就会回报多少；但员工不一定会这样想。所以，想让员工拥有主人翁意识，就要让员工拥有"老板心态"，让他们知道自己为企业做的任何事都会有回报，这样员工才会对每一件事情都认真负责。

如何让员工拥有"老板心态"，管理者要先想清楚一个问题：员工为什么而工作？

员工最基本的诉求肯定是为了满足基本物质需求而工作。每个人工作奔波，都是为了获得更好的生活，可见，如果公司能根据员工的物质需求来设定目标，必然会让员工认真工作，恪尽职守。因此，公司要和员工组成利益共同体。任何一家企业的目标都是追求利益，但只有管理者的利益，没有员工的利益，这样的企业是很难做起来的。只有大家一起为了各自的利益共同努力，企业才能持续发展。

当员工与公司组成利益共同体后，就要考虑当下的利益和长远的命运。每个人的利益在公司这个平台上是共享的，如果公司倒闭了，对共享者来说自然都是没有益处的；相反，如果公司持续上升和发展，那么每个人都能持续获得更多利益。管理者只有让员工想清楚这一点，并且落实到实际运营和分配机制中，才能真正让员工具有主人翁意识。具体怎么执行呢？

1. 财务情况公开透明

让员工知道公司经营是盈是损，个人收入会因此受到什么影响，是财务公开最重要的意义。公司没有利润，自然无法分配利益给员工。在这样透明的分配机制下，员工才会明白只有把手头的工作做好，公司效益才会越高，自己的获利也才会越多，甚至还能明白短时间的辛苦努力，是为了长远的收获，是为了公司和自己能赚更多钱。

2. 制定公约

假设你在一个小区居住，为了维护生活环境，小区居民一致约定不乱扔果皮纸屑。作为参与决策的人，居民会愿意遵守这个规定。但如果这个规定是小区物业张贴出来的，恐怕就不一定能让人们一致遵守了。

同样，让员工共同制定规则，也是组成利益共同体的方法。员工享受到制定规则的权利，就会切实感受到公司把他们当成"主人"，他们也会真正把公司当成自己的，由衷地提出有益于企业的建议。员工提出改善建议，帮公司节约成本、提高收益，公司再回馈给员工，由此可以形成良性循环，让公司运营朝着更良性的方向发展。

管理者想要做好企业,必须从源头上解决问题,尊重员工的利益,与员工建立利益共同体,实现公司与员工的双赢。

第三节 战略和文化是支撑制度实施的坐标轴

企业管理除了要制定详细、规范的制度,保证制度的有效实施也非常重要。但是面对制度的束缚,很多人都会产生逆反心理。对此,管理者可以用战略和文化来规范制度的实施,让每个员工都是出于本心自主行动,而不是受制于制度被迫行动。

一、领导要具备战略眼光

在企业管理过程中,管理者的战略眼光非常重要。战略眼光是指管理者的格局和前瞻性,即比其他人早发现商机、早洞察危机的能力。正所谓"不谋万世者,不足谋一时;不谋全局者,不足谋一域。"可以说管理者的"眼睛"看多远,企业就能走多远。

相反,没有战略眼光的管理者大多以眼前利益为本,天天计较着眼前的一毫一厘,这样的管理者只能做个商人,不太可能带领企业发展壮大。

例如,现在许多企业都在进行数字化建设,可成效却不尽相同,这与其管理者的战略眼光有密不可分的关系。有些企业的管理者在两三年前就已经认识到企业数字化的重要意义,并制订了详细的实施计划和阶段性目标。而有些企业的管理者只是跟风为之,头痛医头、脚痛医脚,缺乏系统性的思考意识与能力。遇到数字化改革受阻的问题,也只是一味地归咎于市场环境恶劣、企业基础薄弱、当地环境不适宜等,仿佛一切都是别人的责任,与自己并不相关。殊不知,这一切问题是因为自己缺少战略眼光,对企业未来没有全局的把握。

对此，企业应该建立完善的机制，从意识、能力、机制、考核等方面培养管理者的战略思考能力和战略管理意识，从而提高决策的科学性，增强企业的持久竞争力。具体有以下几种措施：

(1)广泛宣传，帮助管理者树立战略思考意识；

(2)开展培训，让企业各级管理者掌握系统思考、解决问题的方法；

(3)建立科学决策程序与决策事后评估制度，并在管理者选择和任用方面，考虑其工作和决策的质量；

(4)建立客观公正的考核体系，除了考核指标的完成情况，还应考核管理者决策对企业中远期发展的帮助，强调可持续发展。

二、文化对思想和行为有塑造力

什么是企业文化？是员工团建、员工培训，还是福利政策、规章制度？其实，这些概括都不够准确。从文化的定义来说，文化指的是生活在一定地域内的人们的思想、信念及生活方式的总称。生活在不同文化规范下的人，具有不同的心理和行为特征。

文化对人有三个层次的影响。

第一个层次，人们外在表现上不同，例如不同文化中人们的服饰、语言等各不相同。

第二个层次，人们的价值观不同，例如不同文化中人们思考问题的方式不同。

第三个层次，人们的潜在假设不同，例如不同文化中人们的知觉、思想过程、情感、行为方式不同。

可见，文化对人们的思维方式和行为方式产生着巨大的影响，不同文化中的人们对相同事物有着不同的反应,例如员工如果拥有相同的价值观则会产生更大的凝聚力。因此,在企业管理的过程中,文化的塑造必不可少。文化代表了企业的价值导向和总体基调,它对企业员工思考问题的方式以及处理问题的方式有塑造能力,可以帮助团队统一思想,实现步调一致。

那么,如何建设并落实企业文化? 可从以下几个方面入手。

1. 提炼文化元素,完善文化制度

围绕企业创始人、业务特色等元素提炼企业文化元素,同时按照企业文化建立完善、合理的规章制度,例如公共关系、服务行为、危机管理等。

2. 找到引领型员工,打造企业文化基础

员工是建设企业文化的主体,只有让员工广泛参与文化建设,才能顺利传播文化理念。企业管理者需要找到引领型员工,利用他们的影响力,更快地传播企业文化。例如打造企业内部线上社区,给员工提供一个交流的空间,方便文化的传播。

3. 从建立文化制度到文化自律

培训也是企业文化建设不可缺少的环节。企业管理者可以利用在线培训的方式,让员工利用碎片化时间提升工作技能、统一思想,进而让全体员工围绕一个目标工作,稳定输出成果。

4. 打造企业文化的物质环境

企业管理者可以通过改善工作环境,将企业文化输出为物质形式,例如吉祥物、理念标语等,从而对员工进行潜移默化的熏陶。

如招商银行曾推出了如下"清风公约",让"平视"成为自己的文化:

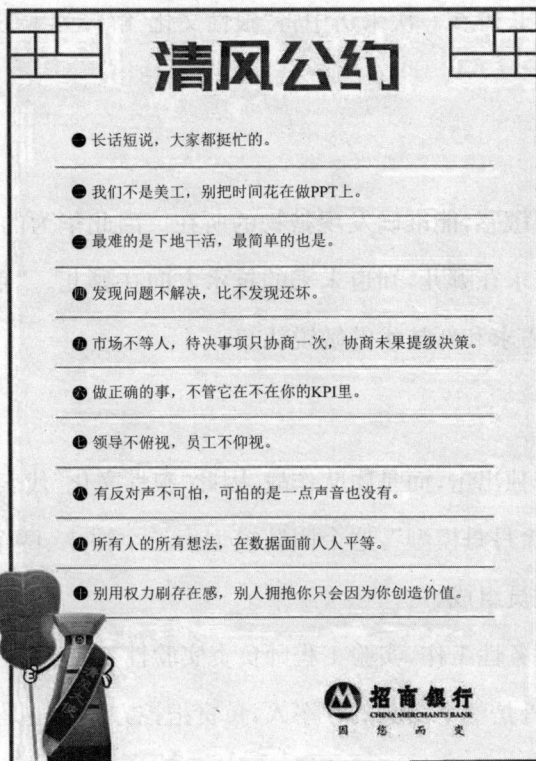

清风公约

● 长话短说，大家都挺忙的。

● 我们不是美工，别把时间花在做PPT上。

● 最难的是下地干活，最简单的也是。

● 发现问题不解决，比不发现还坏。

● 市场不等人，待决事项只协商一次，协商未果提级决策。

● 做正确的事，不管它在不在你的KPI里。

● 领导不俯视，员工不仰视。

● 有反对声不可怕，可怕的是一点声音也没有。

● 所有人的所有想法，在数据面前人人平等。

● 别用权力刷存在感，别人拥抱你只会因为你创造价值。

招商银行
CHINA MERCHANTS BANK
因您而变

招商银行"清风公约"

不同于制度的约束，文化带给企业的更多是一种"软约束"，包括道德规范和行为规范。当企业文化深入人心时，文化就会对员工生成无形的约束力，让员工自觉明白哪些事情能做、哪些事情不能做，从而提高员工的自觉性、积极性、主动性和自我约束能力，使员工拥有责任感和使命感。

三、华为：狼性文化不代表"996"

说到企业文化，华为的"狼性文化"受各大企业推崇。有人说"狼性文化"就是高压与高薪并存，就是"996"，事实并非如此。

13

华为的董事长曾在一次采访中将"狼性文化"解释为敏感性、团队性、不屈不挠性。

1. 敏感性

狼的鼻子很敏感,能准确发现猎物的所在。因此华为的员工也要像狼一样知道客户的需求在哪儿,知道未来的技术方向在哪儿。"狼性文化"代表一种对市场、客户需求和新技术的敏锐认知。

2. 团队性

狼一般不单独出击,而是团队作战,因此"狼性文化"代表了团队精神。例如华为推行的"涂丹丹模型",这个团队模型由三个博士、两个硕士、两个实验工程师和一个文员组成。

文员负责事务性工作,实验工程师负责实验性工作,博士和硕士负责项目核心工作,涂丹丹是整个团队的领军人,负责把控方向。这是一种特种小队的作战方式,可以让企业在细微层面保持活力和创新。

3. 不屈不挠性

狼盯上猎物就不会放弃,会不断追赶直到制服猎物,因此"狼性文化"也代表了做事不畏艰难、不屈不挠的精神。华为不会轻易允许干部调换岗位,提倡有困难要迎难而上,而不是换岗逃避,即使是给团队做后勤保障,也要坚持达成目标。

"狼性文化"并不是弱肉强食之道,而是三个精神:敏感性、团队性、不屈不挠性。华为也是靠着这样的文化氛围,培养了员工的进取心和战斗力,缔造了一支强大的团队。

第二章

设置制度：依法治企是管理新常态

　　随着现代企业不断发展，依靠制度治理的企业将会成为管理新常态。管理者只需设置好制度就可以让企业自行运转，不仅工作效率更高，还能降低出现失误的概率。

第一节　什么样的制度是好制度

　　好制度既能保证企业平稳运行，又不会过分限制企业各部门的主动性和积极性，从而实现"中层有为、高层无为"的理想模式。那么，什么样的制度才是好制度？好制度要与企业的实际情况相符，既能保证公平又可以提升效率，内容明确且精炼。

一、与企业实际情况相符

　　俗话说："无规矩不成方圆"，一家公司在不断成长的过程中必须要有完备的制度来辅助经营。然而，有的公司设立了制度却始终无法推行。这是因为公司制度与实际情况不符，导致制度与企业情况相互割裂，员工无法执行。

很多管理者在制定制度时喜欢将一些大企业的成功经验套用在自己的公司中，殊不知，每家公司都有些不一样的地方，有的制度在别的企业能成功，在自己的企业未必也能成功。而且一项制度通常会涉及多个部门，如果制度僵化、偏离实际情况，那么就会导致部门之间的沟通协调工作效率低，出现扯皮和推诿的情况，这些问题都是难以在短时间内解决的。

那么怎么依据实际制定制度呢？具体要通过"看听写商"四步来完成。

（1）看：看现有工作制度、流程、表单等材料。

（2）听：听各部门主管描述工作流程；听具体操作者描述操作方法和注意事项；听工作关联部门描述交接情况。

（3）写：写重点制度。

（4）商：与制度涉及相关人员协商制度初稿。

其中，"听"这一步很重要。作为制定制度的人，我们不仅要听主管和员工描述出来的问题，还要学会听言外之意。很多人向管理者描述工作状况时，很可能会避重就轻，或只报喜不报忧。这可能会让管理者错过重要内容，导致无法客观判断当前状况。因此，管理者要学会从员工的抱怨和诉求中提取关键信息，从而制定出真正客观全面的制度。

管理者把看到的、听到的，按照业务发生的先后梳理出一个流程，然后把流程中的关键节点提炼出来，在这些关键节点上写上相应的工作内容、时限、沟通对象等，这样制度便完成十之六七了。

以某公司的保税货物管理制度为例，该公司根据实际情况，梳理出如下保税货物管理流程：

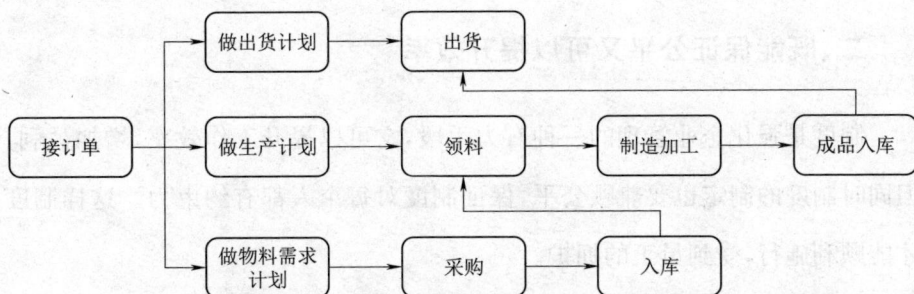

保税货物管理流程

图中共有 10 个流程节点,其中第一个流程节点"接订单"的关键点是区分保税与非保税的信息。这个关键点涉及的内容可以用"3W"来表示,即工作内容(what)、时限(when)、谁负责(who)。

工作内容(what):一份包括产品名称、料号、客户、销售方式等信息的清单。

时限(when):这份清单什么时候做完? 多久更新?

谁负责(who):谁负责接收订单? 谁负责准备清单? 沟通清单会涉及哪些部门?

把这几个问题描述清楚,"接订单"这个环节的制度就制定完成了。该公司制定的保税货物管理接订单制度为:"受注管理科在制度实施日起完成《产品保税状态清单》的建立,且当此清单中的内容发生变更时,立刻更新并以电子邮件形式将最新版本抄送给本制度中所涉及的各部门。《产品保税状态清单》至少应包含产品的名称、料号、客户、销售方式(比如内销、一般贸易出口、保税手册出口这几项栏目)。"

可见,制定制度并不是平地起高楼,而是有章可循的。只有依实际情况而制定的制度才可能具有落地实操的效果,才可能切实解决问题,辅助企业发展。

二、既能保证公平又可以提升效率

制度是强化企业管理的一种有力手段,它可以提升工作效率,增加盈利。但同时制度的制定也要兼顾公平,保证制度对每个人都有约束力。这样制度才能顺利施行,受到员工的拥护。

效率是企业运作的根本,也是盈利的基础,如何激励员工提高效率、完成目标是制定各项规章制度的关键。而公平能最大限度地提高员工工作的积极性,它是提高效率的前提条件。企业只有为员工创造出公平的工作环境,如激励制度、工资制度等企业内部的公平机制,才能促进企业的发展。

但并不是每项制度都能起到提高效率的作用。章亮是北京一家公司的老板,在 2022 年的九月,公司的发展步上正轨,各个部门的员工通力合作,销售部门的员工天天加班,公司的生意越来越好,在这种情况下,章亮就给销售部门的员工每人发了 500 元奖金,希望以此来激励他们更好地工作。但正是这500 元奖金,让章亮面临无人可用的危机。

原来,章亮只看到了销售部每天忙得热火朝天,就把所有的功劳都归于这一个部门,而忽视了背后的客服部门与市场部门,让这两个部门的员工很不开心,明明大家都一样工作,为什么只给销售部门发奖金,这根本不公平,于是部分员工选择了辞职。

公司要提高效率,就一定要在各项工作中体现出公平,任何员工只要按制度办事,都能得到合理的、相同的回报,违反制度也会受到合理的、相同的处罚,如果制度因人而异,员工就不会在工作上下功夫,而是把精力用到人情世故中。

因此,在设置制度时要正确处理好公平与效率的关系,做到二者兼顾、互相协调。当无法实现公平与效率的绝对协调时，要效率优先，兼顾公平。

要提高企业的效率，提升企业的竞争力，就必须打破旧有的不合理体制，创造公平的企业内部环境，不断改变员工的思想，企业要符合实际、恰到好处、坚持不懈地努力完善自身的制度。

三、船厂：安全制度不完善引发危机

某船厂是舟山大规模的修船企业之一。为了提高修造船能力，船厂投入 5.8 亿元实施船坞和泊位扩建工程。在原来的一座 8 万吨级船坞、两座 8 万吨级码头的基础上，扩建一座 30 万吨级船坞和一座 30 万吨级舾装码头。

按照船厂的规划，在扩建工程完成后，公司的修船能力将从一年修理改装船舶 60 艘，增长至 130 艘，改装类型也扩大至油船、散货船、集装箱船等 30 万吨级及以下各类船舶，年产值达 9 亿元。虽然受当时全球造船业萧条的影响，船厂的扩张计划并未完成。但船厂靠着稳定的船舶修理技术团队，业务高歌猛进，成功在国际市场占据一席之地。

然而，船厂在发展迅速的同时，也暴露出了一系列问题，安全制度不完善加上赶工期导致船厂出现了不少安全事故。

例如船厂在修理一艘来自新加坡公司的巴拿马籍集装箱船时曾发生了二氧化碳气体泄漏事故，导致 2 名工人死亡，直接经济损失达 60 万元。事故调查结果显示，二氧化碳气体泄漏是因为船厂对船舶维修工作未进行有效监管，对维修项目未进行全面了解，所以未及时发现事故隐患。

此案例中船厂发生安全事故就是安全制度不完善导致的，如果公司提早制定相关的安全管理制度，规定明确、流程清晰、责任到人，就不会酿成这样严重的后果。

第二节　如何设置制度

制度是一种规范和约束,它最大的作用是维持企业内部的正常运转。如果设置失当,让制度缺少约束力,那么企业内部就会生乱,导致管理者不得不耗费大量精力去处理琐碎的事。可见,制度设置不是小事,它需要有震慑性、需要兼顾过往经验与创新、需要管理者广泛听取意见。

一、借鉴其他制度的长处

虽然管理者制定制度时不能完全照搬其他公司的成功经验,但可以借鉴后进行改良,以其他制度的长处为基础,结合公司的实际情况,取长补短,设置自己的制度。向其他企业取长补短分两部分,如下图所示。

取他人之长　　　　　　　　　　　　　　找自己之短

向其他企业取长补短的内容

1. 取他人之长

对企业管理来说,向他人学习,弥补自己的短板十分重要。

参照样本制定企业管理制度本身并没有任何问题，有了参照才能让管理者取长补短，但切记不可全部照抄，在制定制度时，要先确认企业的行业性质、企业的工作性质、员工类别等信息。

例如受限于行业性质，广告公司的工作模式多数采用弹性工作制，员工每周只需要达到一定工作时间即可，但这些时间由实际工作情况而定，不需要每天朝九晚五地上班。一些新兴网络游戏开发公司也实行这种工作制。

因此，当企业在借鉴学习其他企业的先进管理制度时，不要生搬硬套，要巧学活用，围绕企业自身的实际情况；同时管理者要大胆地解放思想，追求管理创新，摒弃旧的管理观念，将所学到的、借到的制度与新的科学管理理念、方法相结合，统一提高企业员工的认识，让员工的思想观念、工作作风与企业发展前进的要求相适应，员工能主动参与管理、配合支持管理。

2. 找自己之短

对一个团队而言，无论其他人做得多好，只要其中有一个人的工作出现纰漏，就会影响整个团队的业绩。企业管理制度也是如此，有些企业各方面的制度都很人性化，但薪酬制度却很糟糕，员工往往因为薪酬制度这块短板而离开；有些企业休假制度不够完善，员工没日没夜地干活，完全得不到休息，导致身心疲惫等。

无论是哪方面的制度，只要存在过于明显的短板，对企业的发展都极为不利。所以，管理者一定要善于自查，定期对企业的制度进行满意度调查，多听取员工的看法。如果很多员工都对同一方面的制度有意见，那么管理者就要好好考虑，制度是不是真的有问题。然后及时修正不完善的制度，努力将制度人性化、规范化，这样才能实现真正的取长补短。

二、积极创新，不墨守成规

当今发展日新月异，市场环境也瞬息万变，因此企业的制度也要随之改变才能跟上环境变化的步伐。另外，随着企业的发展，企业内部人员结构、业务规模、经营理念等也会改变，这同样也意味着制度不能僵化，要不断调整，适应新变化。

为了适应不断变化的内外部环境，企业制度要根据环境的变化积极创新，作出适当的调整。引发企业制度创新的原因主要分为三类，如下图所示。

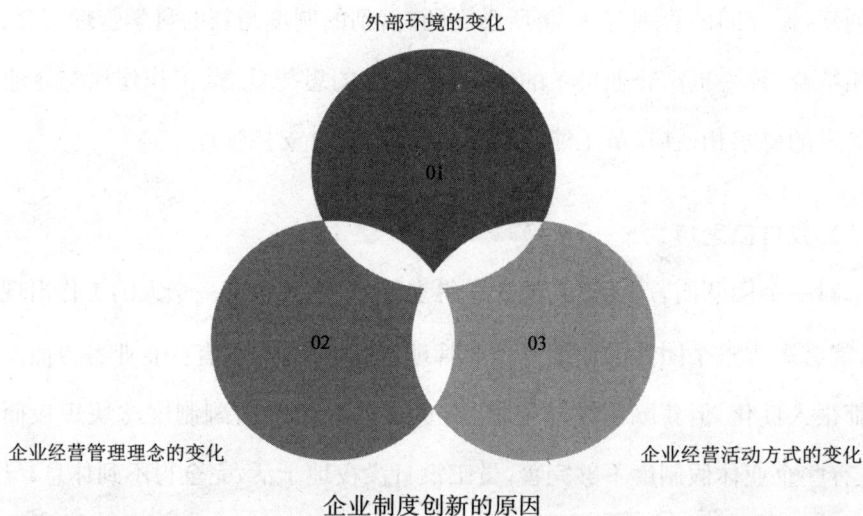

外部环境的变化

01

02   03

企业经营管理理念的变化   企业经营活动方式的变化

企业制度创新的原因

1. 外部环境的变化，要求制度必须进行更新

技术的发展与社会进步必然带来企业经营环境的变化，新工艺、新技术为企业发展新产品、新服务提供了新手段，如 POS 机支付、分期付款等，这也要求企业必须建立与之相应的制度。

2. 企业经营管理理念的变化，要求制度必须进行修订

企业内部观念的变化对具体的管理制度的制定和执行产生影响，例如传统的人事管理观念被人力资源开发的观念所替代，人力资源管理制度的范围、内容、侧重点等就会发生变化，要对原有的制度如人事考核与评价、工资奖金、培训等制度进行全面调整，还要补充一些新制度。经营管理新知识的提出，为修改完善现有制度、创新更有效的制度体系提供有益的思路。

3. 企业经营活动方式的变化，要求制度必须进行调整

当调整了企业的经营目标、经营方式后，新目标的完成和业务的开展可能会被原有的制度阻碍，企业要及时根据战略目标的调整，不断对制度进行创新，充分展现企业的个性。

企业每一项制度的出台，都应该致力于解决当时企业存在的问题。当该问题解决了，又出现了新的问题时，原来的制度很可能就失去了作用。因此，这需要管理者不断地调整制度，千万不可墨守成规。

艾柯卡是美国著名的企业管理专家。他在福特公司担任总经理时，积极要求进行制度创新，大刀阔斧地改革企业制度，但福特公司的总裁思想保守、墨守成规，两人在经营和管理理念上存在不可调和的矛盾，最终以艾柯卡离开福特收场。

在福特公司总裁保守思想的管理下，公司业绩步步下滑，最后滑落到亏损的边缘。而艾柯卡离开福特公司后，在克莱斯勒公司担任总裁。当时的克莱斯勒已经濒临破产，艾柯卡上任后，大胆地改革了公司以往的制度，积极创新公司的产品，不到两年的时间就将克莱斯勒从破产边缘拉了回来，业绩一路飙升，很快就赶超了福特公司。

面对激烈的竞争环境与濒临破产的现状,福特公司的管理者痛定思痛,推出了一套灵活的经营管理机制,阻止了公司业绩的下滑,保住了自己的市场份额。

通过克莱斯勒与福特这两家公司的成败案例,显而易见制度创新的重要性。公司的管理者一定不能墨守成规,要在管理制度和生产技术上不断地更新换代,充分提高企业的效率。

企业制度的不断创新,是加强企业内部管理、搞好企业一切工作的基础,为企业的发展和壮大提供了源源不断的可持续发展源动力。

三、头脑风暴:让员工提建议

制度能否顺利执行,与员工是否认可有很大关系。如果员工对制度不认可甚至满腹抱怨,那么很可能导致制度执行处处受阻,员工会想尽办法钻空子,让团队的秩序陷入混乱。为什么员工会不认可制度?是因为员工在被迫执行他人强加的制度。

员工作为企业最基本的单位,参与到整个组织运转的过程中,是制度的推行者以及遵守者,但很多企业的规章制度都由几个领导者制定,根本没有普通员工参与制定的机会。这种做法经常会出现问题,由于领导者不了解实际问题,制定的制度不仅不切合实际,而且非常生硬,没有体现出人性化,不利于员工的理解和执行,员工没有明确的执行制度的动机,往往就会产生排斥和不认同的心理。

因此,在设置制度的前期,不要独断专行地制定制度,一定要多与员工交流,让大家参与到制度的制定中来,增强员工的认同感。

员工的认同,尤其是核心高管人员的认同是制度能够被推行实施的保障,如果某一项制度直接推出，但很多人不理解、不支持，最后真正执行制度的时候，会遇到很多阻力和困难，最后制度只能流于形式。

充分听取员工的意见和建议，既有利于制定出更加科学合理的制度，又可以表达企业对员工的重视，充分调动员工的积极性，促使员工更好地遵守制度。当员工发现自己的建议被采纳并实施时，他们会非常有成就感，并认真执行制度。

因此，管理者在设置企业制度时，一定要重视员工的意见和建议，努力调动员工的参与意识。让员工参与到制度的设置中，这会让员工感觉到自己是公司的主人。

当员工提出自己的建议时，无论管理者采纳与否，都应该肯定他们积极献计献策的行为，同时要向员工说明不采纳建议的原因，不了了之会让员工有一种被忽视的感觉。

第三节　企业必备制度清单

本节介绍几项企业必备的基础制度，包括员工手册、培训制度、流转制度、出差制度、报销制度以及保密制度等。

一、员工手册：规范员工的行为

员工手册是指导员工日常工作的准则，它囊括了与员工相关的基本事项，包括聘用要求、员工福利、工作规范、考勤制度、工资制度、发展规划等，是企业管理的有效武器，也是员工了解企业形象、认同企业文化的渠道，更是员工工作规范、行为规范的指南。

除了规范日常行为，合法的员工手册还可以作为劳动争议解决的依据。根据《中华人民共和国劳动法》第二十五条第二款规定，劳动者严重违反劳动纪律或者用人单位规章制度的，用人单位可以解除劳动合同。但是如果企业制度中没有规定或规定不明确，企业就会在劳动争议中陷入被动。因此，一本合法的员工手册既是法律的要求也是企业管理上的必需。

下面对员工手册的各个部分进行解读。

1. 手册总则

手册总则一般包括礼仪守则、公共财产、办公室安全、人事档案管理、员工关系、客户关系、供应商关系等条款。在开篇让员工了解公司的行事方式和行事风格，有助于使员工和公司之间达成一致。

2. 聘用要求

聘用要求包括入职手续、试用期、离职手续、劳动合同签署规范等，帮助员工明确入职流程，缩短员工的适应时间。

3. 员工福利

详细阐述公司的福利政策以及为员工提供的福利项目，体现公司的人文关怀，增强公司的正规性。

4. 工作规范

工作规范包括工作准则、工作态度、工作纪律等，对员工的基本工作行为进行规范，帮助员工快速融入团队。

5. 考勤制度

考勤制度包括工作时间、考勤办法、请假程序等，帮助员工了解基本的工作时间与休假条件,有助于维持团队秩序。

6. 工资制度

工资是员工最关心的问题之一。工资制度要对公司的薪酬结构、薪酬基准、薪资发放和业绩评估方法等给予详细说明,帮助员工更好地了解工资发放安排。

7. 发展规划

为了提高员工的工作效率,增加员工的黏性,一些公司会为员工制订详细的晋升计划,定期安排考核,为员工提供更好的职业发展机会。

在编写员工手册的过程中,管理者应遵守五个原则:

(1)依法而行:内容遵循国家的法律法规和行政条例;

(2)权责平等:充分体现企业与员工之间的平等关系;

(3)讲求实际:有实际的内容,体现企业的个性;

(4)不断完善:不断改进,不断完善;

(5)公平、公正、公开:广泛征求意见,积极采纳员工的意见和建议。

二、精英流转制度:优化人才配置

有时公司内部可能出现人岗不匹配的问题,与其一味辞退员工,不如安排员工转岗,让其找到更适合自己的工作岗位,以此优化企业人力资源的配置,有效提高员工的工作效率。

公司的转岗制度是为了促进公司合理的人员流动,优化公司人员的资源配置而设定的。员工转岗的原因有如下几种。

因自身发展需要申请转岗

因公司业务发展需要，向子公司实行人力资源调度

因组织构架引起的人力资源调整

因生病、受伤、生育、绩效原因不能继续原岗位工作

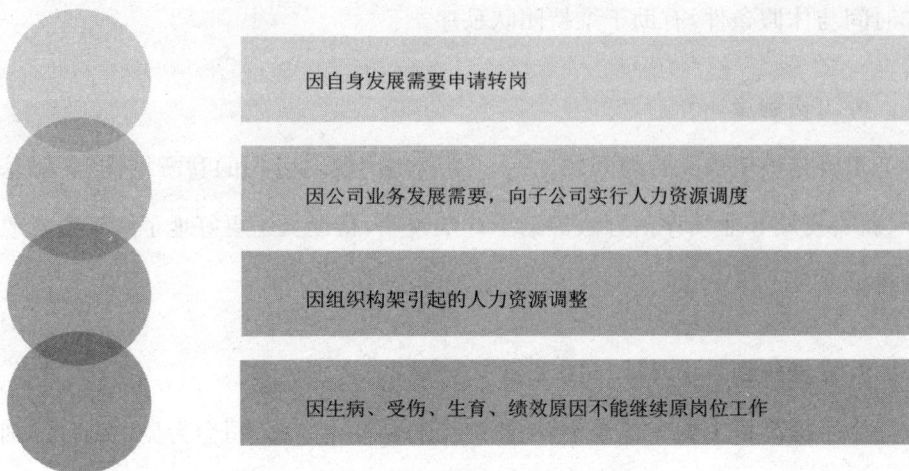

员工转岗原因

北京一家小家电公司对员工采用以下转岗制度，促进了公司内部的人员流动，增强了公司内部活力。

为了提高员工的工作热情，减少公司的人员流失，该公司对销售部门所有的销售顾问实行了转岗激励政策。公司向所有参加公司培训并通过考试的销售顾问颁发"公司护照"，使其获得在公司经销网络内部自由转岗的资格。

销售顾问刘健在销售岗位上已经工作三年，他工作能力强，在公司举办的全国销售大赛中取得了第三名的好成绩，并且成功通过了公司对销售人员的业绩考核及产品知识和销售技巧多项内容的测试。除此之外，刘健还通过了公司培训考试获得了"公司护照"得到了转岗资格。因此刘健希望借此机会到市场部从事产品主管工作，进一步提升自己的业务能力。

随后销售顾问刘健向公司的人事部门递交了转岗申请，并填写了《员工转岗申请表》，最后获得了销售部门经理、市场部门经理和公司人力资源部门的批准，刘健成功转岗为产品主管。刘健转岗后还有三个月的试用期，在试用期

内他主要负责对行业市场展开全方位调查，根据调查结果制定产品发展战略，参与新品宣传、协助销售部门等工作。

　　三个月后，刘健通过了试用期考核，转正成为市场部的正式员工，按照公司的转岗管理制度，转岗人员转正之后，工资待遇、奖金、津贴等按照新岗位标准执行，社保和公积金以及劳动人事关系维持不变。销售人员和产品经理的平均工资对比，如下。

项　　目	金　　额	区　　间		
电话销售（199条）	￥3 495	￥1 747		￥9 794
销售经理（189条）	￥10 000	￥3 000		￥30 000
销售员（81条）	￥5 000	￥2 697		￥10 000
销售主管（43条）	￥8 090	￥4 820		￥15 000

销售人员平均工资

项　　目	金　　额	区　　间		
高级产品经理（110条）	￥15 975	￥5 000		￥35 000
产品经理助理（32条）	￥5 696	￥3 000		￥14 000
产品运营经理（14条）	￥15 990	￥8 400		￥23 100
网页产品经理（12条）	￥10 000	￥8 000		￥50 000

产品经理平均工资

　　由此可见，销售顾问刘健通过公司的转岗制度成功实现了工资待遇的增长，在新的岗位上刘健也可以学习市场部的相关知识继续为公司的发展作出贡献，并且成功转岗也为公司其他销售人员树立了榜样，促进销售部的销售人员努力工作,争取早日通过公司考核获得转岗资格。

除了因自身发展需要申请的转岗外,转岗人员还可直接由公司人事部门进行安排。这种情况可能由于销售人员的业绩不达标,不适合从事销售工作,转岗也是为了促进公司的人员合理配置。

该公司的另一名销售人员谢烨由于自身原因,销售业绩没有达到公司要求,在公司举办的区域销售业绩评比中一直处在垫底位置,当时人力资源部门考虑到谢烨曾经从事过出纳工作,而且工作比较细致认真,因此人力资源部门决定将谢烨转岗,让他从事销售内勤工作。

在销售内勤的岗位上,谢烨主要负责管理客户档案,制定月度销售统计表,合同管理,建立收款台账并做好核查维护工作。谢烨在销售内勤的工作岗位上重新找到了工作自信,认真敬业,全力配合好销售人员工作,客户的管理和维护工作也完成得不错,待遇按照销售内勤的标准执行,社保、公积金和劳动关系不变。

因此,企业在进行员工转岗时应对相关人员进行合理调配,将员工的潜力充分发挥出来,既能减少不必要的人力资源浪费,也能保持公司人员配置的活力,促进公司健康发展。

三、出差制度:审批+费用+汇报+处理

出差环节会涉及很多方面的内容,例如审批、费用、汇报、处理等问题,如果出差制度不明确,很可能会在企业中形成灰色地带,滋生贪腐问题。

1. 审批

企业员工在出差前,必须办理相应的审批手续,详细填写相关的出差申请单,注明出差原因、时长、出差地点、出差同行人员、乘坐交通工具等情况,出差

申请单的内容要详细、全面，以防出现审批上的漏洞，也可保证报销出差费用过程的流畅。

2. 费用

对于出差员工出行时的吃、住、行三方面，企业应划定相应红线，对于差旅费标准也应细化，严格员工出差过程中的花销，一旦超过企业设定的标准，超过部分不予核销，若发现员工在差旅费核销上出现问题，或是超标严重，不仅要追查该员工违规资金，甚至会在企业内对该员工通报批评。

河北一家广告公司中，员工郑磊受团队安排去广州参观学习，时长为8天，根据郑磊的员工等级，其住宿7天、每天住宿费用为300元，餐补费用为每天100元、共8天，交通费用仅包含来回机票费用，约2 000元。当地交通由承办方负责，故郑磊的差旅费标准共计为4 900元。

由于在广州参观学习过程中，郑磊与其他部门同事聚餐，在饮食花销上超标严重，郑磊个人不愿承担这笔花销，所以他想办法将超额的餐费记录为会议花销并上报，财务部门经过核实相关票据等，认为郑磊的差旅费花销出现问题，严重超出企业规定的差旅费标准，是不合理的，于是对其进行费用追查，并通过内部批评的方式，扩大了这件事情影响力。

在上述案例中，郑磊的差旅费标准为4 900元，这样的差旅费花销是企业根据当地物价水平制定的，企业的差旅费标准能够满足员工出差期间的日常需求，甚至能够在一定程度上有结余。故而像郑磊这样出现差旅费严重超标的可能性不大，如果真出现这样的情况需要向当地相关领导核实确认，并通过相关开销报销单对账，保证员工差旅费的正当花销。

3. 汇报

为了能够贯彻落实企业的各项任务需求，保证员工出差期间的工作效率，也为了企业本部能够及时获得当地调研情况,并进行准确分析,企业制定了员工出差期间的进程汇报制度,以便能够及时掌握员工出差的工作情况与工作内容。

对于企业中参与外地出差,参与外省学习考察、参观调研等活动的工作人员,都需要进行相应的工作进程汇报。若员工需要负责实际的工作,则完成基础工作的同时还要核查所到单位的概况,了解包括经营效益、企业管理、服务范畴等情况。

4. 处理

员工在出差期间总会遇到一些特殊情况,导致出差时间的延误,那么在这种情况下,员工要及时执行出差延误处理制度,及时将自己的情况告知上级领导,保证企业利益为第一位,尽可能将出差延误对企业造成的损失降到最低。

郑悦是某企业北京销售团队的负责人,企业组织各部门负责人远赴香港,学习销售经验与团队管理的内容,而郑悦所乘的航班由于天气原因无法按时起飞,预计延误时间长达 12 小时。飞机延误直接导致郑悦无法与团队会合,也无法及时参与企业的学习活动。

郑悦及时将自己飞机延误的情况进行上报,所幸的是,由于天气原因导致飞机晚点的并不止郑悦一人,华北地区多省负责人都由于飞机延误无法正常抵达。企业高层经过商议决定将原定计划推迟 2 天,保证全体人员都能够参与到学习活动中,并有足够时间进行精神状态的调整。

在上述案例中,面对天气等不可抗力因素导致的行程延误,郑悦及时将情况上报,保证企业决策人员能够及时根据情况作出相应调整。通过这样的行为,郑悦保证了自身的利益,争取到了学习的机会,也在一定程度上保全了公司的利益,通过延迟学习活动保证了各销售团队领导都能加入活动,并获得学习机会,这样还可以将企业组织学习活动的收益最大化。

为了能够对出差人员进行规范管理,降低出差过程中的费用成本,提高运作效益,企业需要制定相关的出差管理制度,而出差制度也能够在一定程度上明确出差流程,从而保证出差资金费用的审批、汇报、处理等手续能够有"法"可依,能够使出差员工在出差过程中有明确的规划与参考。

四、报销制度：考虑各种情况

财务问题无小事,对于一些员工垫付款项找公司报销的情况,公司也应该做出明确的规定,避免因核查不清出现多报、漏报甚至乱报的情况,损害公司和员工的利益。

某日化用品销售部经理曹云离职时,企业在对其进行离职审计时发现,其报销单中所附的发票缺失,而后,缺失的发票却在另一份报销单中作为原始凭证出现,企业认为这张发票被重复使用了,而曹云表示并不知情。

企业对曹云的所有账目进行追查,进而发现这样的造假情况竟然不止一例。企业经过问询调查,发现曹云由于事务繁忙,各项费用的报销均交由自己的助理张晖处理,而张晖通过报销单造假,加上利用与团队财务人员熟识,在财务报销上做了许多手脚,为自己谋利数万元。

经过企业团队调查,张晖不仅挪用原本的发票,甚至将自己消费的发票夹带在领导的报销单中进行报销,企业团队查明情况后,决定对张晖发起起诉,并对内部规章进行相应整改,保证类似问题不再出现。

在上述案例中,绝不只是张晖个人因素造成的,而是领导、财务、企业制度的多方面因素。比如,账务的报销,应由本人填写报销,不能够由助理代笔,而领导曹云由于事务繁忙将费用报销等工作交由助理代办,这属于报销过程中的不规范操作,给了张晖可乘之机。

企业通过严格的规章制度,具有惩戒性的处罚制度,配合对员工的宣传教育,保障员工能够遵守企业流程办事,规范日常工作行为。在流程规范的情况下,员工工作效率提高,支出费用损耗减少,企业花最小的成本获得最大的经济效益。

对员工报销行为的审批应遵循如下流程。

1	2	3	4	5
填写报销单	负责人核查	财务部核查	专项费用	最终审批

员工报销流程

(1)填写报销单。报销人本人填写相关报销单,报销单上详细注明经办人、所在部门、个人职位、款项用途、详细金额、付款方式等内容,并附上相关单据一并提交。

(2)负责人核查。本部门上级领导要对员工的报销行为负责,领导需检查员工报销单据无误,对其内容的真实性与合理性进行初步审查,确认无误后方可签字。

(3)财务部核查。财务部根据报销单内容进行相应的复审,对报销单内容是否符合企业规定、员工报销内容是否符合其职位等级,进行相应的审核,同时应对票据真实性、款项合理性进行审核,确认无误后签字。

(4)专项费用。对于企业的专项费用,员工报销时除以上程序外还须让专项内容负责人签字,按照专项费用的特殊管理要求进行重复审查。

(5)最终审批。通过多道程序,多方负责人确认员工报销数据无误后,即可对员工的报销进行最终的审批。

　　员工在进行报销时，企业应遵循以上流程，保证员工报销行为的正当性，也确保员工报销内容属于个人报销范围，经多方负责人确认后才能最大限度保证报销行为合理性，一旦出现问题也将由多方负责人共担责任。这样的制度设定最大程度降低了误报销的可能性。制度的完善带来流程的模块化，形成完整的流程后，不但能够规避风险、提高效率，同时也能对员工行为作出约束。

五、保密制度：守住企业的核心利益

　　保密制度也是公司需要的重要管理制度，公司的生产资料、核心技术、经营策略、独家配方、财务状况等信息，一旦泄露或被竞争对手得知，将会使企业陷入巨大危机。

　　为了能够为企业保守机密，维护企业利益，企业会根据自身情况制定相应的保密制度，而企业的机密内容实际包括以下几点。

　　（1）重大决策中的事项。其中包括产品开发内容、相关数据以及企业团队运作甚至整体的运营营销手段等。

　　（2）企业策略。企业团队整体的运营方向、规划，根据目前经营项目所做的预估扩展项目以及经营策略等。

　　（3）企业文件。这一部分主要包括企业签署的各项合同、协议，与各公司签订的合作书，以及公司业务的数据性文件、各类会议纪要等重要文件。

　　（4）财务状况。企业的财务预算、核算清单以及各类财务报表、统计报表等，这些数据的泄露会导致企业的经济实力信息外泄，不利于企业在市场中的资金运作。

(5)机密信息。包括企业掌握的尚未流入市场的机密信息,这一类机密信息对于企业发展至关重要。

(6)人员信息。企业的人员信息、人事档案、工资待遇等情况,一旦泄漏可能会导致竞争对手挖墙脚,进而带来企业人才的流失,造成企业经济受损。

通常情况下,企业的机密内容包括以上六点。此处需要注意,一般的企业决议、企业通告以及行政管理类资料文件均不属于保密内容范畴。而保密文件也要根据其重要等级进行相应划分。泄漏机密文件的等级越高,对企业产生的负面影响越严重,使企业形势动荡。故而保密制度需要有相应惩罚措施与之并行,才能够保证保密制度有足够的威慑力与影响力。

企业可以根据自身情况,将不同的文件内容设置成不同等级,并为保密机制中不同等级泄密设置不同的惩罚措施,小到通报批评、扣减基础薪资,大到赔偿企业损失、降级开除等惩罚方式,将不同的惩罚方式与不同等级的保密文件一一对应,使能够接触到机密内容的员工做到心中有数。这样的保密制度的设定,一方面能够保证机密内容的安全性,另一方面也保证了企业运营的稳定性。

第三章

执行到位:强化过程控制确保结果

设置制度只是第一步,将制度执行到位才是提升管理效能的关键。有些公司对于制度的执行睁一只眼闭一只眼,导致很多制度只是纸面文章,不能发挥既定的作用。因此管理者要强化制度执行的过程控制,确保制度能执行到位,使制度真正造福于企业。

第一节 令出必行,制度不容侵犯

企业制度就是企业的"律法",不容有灰色地带存在。如果制度执行模棱两可,有钻空子的余地,那么钻空子的人就会越来越多,导致制度变成一纸空文。企业制度只有做到令出必行、不容侵犯,才能让每个人都信服,确保执行到位。

一、不要让制度成为一纸空文

有些企业制定制度,往往是心血来潮,今天想到一个问题,制定一套制度,明天又想到一个问题,然后就把今天的制度推翻,再制定一套制度,甚至不同部门的制度互相矛盾,让员工无所适从。这样的制度必然很难执行,到最后只能是制度写在纸上，风一吹掉在地上，没有任何约束力。

制度变成一纸空文有两个主要原因，如下图所示。

把制度当成
吓唬人的摆设　　　　　　　　　　　　受到人的主观
　　　　　　　　　　　　　　　　　　能动性的影响

制度变成一纸空文的原因

1. 把制度当成吓唬人的摆设

有些企业在管理者制定了制度后，就将制度摆在高高的"神龛"上，过多地讲求形式，当作"面子工程"。这对企业的发展并没有任何好处。只有脚踏实地地将制度贯彻实施下去，才能真正实现制度的价值，从而给企业带来货真价实的实惠。

2. 受到人的主观能动性的影响

制度由人制定，需要人来执行，因此常常受到主观能动性的影响。当人的意志在制度的制定和执行中占主导时，制度就失去了原有的作用。因此，公司管理者要赋予制度绝对的权威，为公司制定严格的制度，执行时公正严明，不能有所妥协。在制度面前，无论是高层领导、公司元老，还是普通员工，地位都是平等的。

企业制度必须高于一切，能管控公司的方方面面。管理者也必须公正严明地执行企业的各项制度，让每个员工在关键领域不敢越雷池一步。唯有如此，企业的利益才能得到保证，制度才不会沦为废纸。

二、为团队营造执行制度的严肃环境

想要顺利执行制度，团队内必须要有好氛围。严肃对待制度的氛围可以增加制度的威慑性，让员工自觉遵守制度，从主观上不敢越雷池一步。

著名电动车及能源公司特斯拉之所以能用短短几年时间成为大汽车制造商，不只是因为他们注重新能源开发与新技术的应用，更重要的是特斯拉公司的管理者充分为员工营造出了良好的遵守制度的严肃环境。

特斯拉最初面临很多管理上的棘手问题，内部管理混乱，严重缺乏完整的制度规范。为了解决这一问题，管理者进行了一系列整顿。管理者考察员工的工作和生活环境，进而根据实际情况制定出一套近乎完整的制度规范。

例如员工每天的上班时间是 9 点，但很多人总是拖拖拉拉，甚至迟到。针对这个问题，管理者列出为什么这些现状无法让公司高层接受：这严重违反制度，这将影响客户对我们的信任度，还会破坏团队精神。

管理者为员工逐一分析这些原因，然后对出现的类似问题进行了严惩，扣减那些不按照制度上班的员工的奖金，以加班的方式补上迟到的时间等，必要时还会解雇个别员工。

管理者还从员工的角度来思考：为什么大多数员工上班会迟到？该如何处理？当导致迟到现象频繁出现的原因解决后，特斯拉的管理者又召开了全体员工会议，向员工推出新的制度和问题解决方案，让员工直面严格的制度，切实明白自己的缺点。

特斯拉公司的管理者通过这样的管理方式，营造出了员工遵守制度的严肃环境，大大提高了员工的工作效率。

管理者可以利用有效形式对员工进行正反面教育,帮助员工形成积极遵守制度的意识,比如开一些报告会或者下发一些相关文件,用优秀人才的事例和违反制度的处理事例提高员工内心对制度的重视性。

营造严肃的制度执行的环境,让员工们能够从心理上形成一个团结一致的整体,加强企业的凝聚力,使企业在竞争中立于不败之地。

三、一视同仁,不可"特殊对待"

执行制度的良好氛围需要大家共同维护,切不可让特权人群游离在制度之外,包括管理者自己、高层领导等。如果在制度执行的过程中有了特权,那么制度的权威性就会受到质疑。明显有失公允的制度会让员工失望,甚至产生逆反心理。

真正英明的领导者,肯定不会让自己超脱于制度之外,相反,他们往往会主动去遵守制度以作为表率。违背公平原则,在公事裁决上带头不遵守企业的规章制度,不仅会损害自己的形象,还会失去员工的信任,尤其是那些建立制度的人,更需要从自己做起,决不能凭借特权而凌驾于制度之上。

有些企业经常出现这样的现象,在生产工厂的大门口,门卫提醒前来参观的人员进行登记并戴好安全帽,但是对方气冲冲地说:"懂不懂规矩,没看到总经理来视察吗?"

这种现象折射出一种特权思想,那就是高管和普通员工享受的待遇不一样,公司的制度是为员工制定,员工必须遵守,高管可以超脱于制度之外。这种风气让员工感受不到平等和尊重,也感受不到制度的威严。

在公司中地位越高的人越不能凌驾于制度之上。上行则下效,只有管理者带头遵守制度,员工才能重视制度,并切身体会到制度的威严。

然而在现实工作中，很多管理者总会给自己的"违章"找理由，以至于整个企业没人把制度当回事，原本详细而严谨的制度就成了"摆设"，没有制度的约束，企业的管理就会陷入混乱状态，生产效率也随之降低。

制定制度并不难，难的是能否以身作则把制度执行好、贯彻好。在执行制度时，只有时刻坚持"一视同仁"的公平原则，明确制度面前人人平等，才能依靠制度推动企业的发展。

第二节　培养领导力，带出高战斗力团队

好的管理者不是成就自己的完美，而是成就他人的完美。规范制度的执行需要全体员工的配合，更需要管理者的积极推动。有领导力的管理者，才能带出高战斗力的团队。

一、管理者以身作则，员工心服口服

正所谓"上行下效"，员工都是看着管理者的背影工作，管理者如何做，员工就会如何跟随。因此，制度作为大家共同遵守的准则，对管理者的要求也远胜于普通员工。

一家公司能否在竞争激烈的环境中立足并得到发展，与领导是否有正确的自律意识有很大关系。比如，领导要求员工对自己的行为负责，领导也必须对自己的行为负责。只有不断地反省自己，高标准地要求自己，才能树立起能让员工尊重的领导形象，让他们产生尊敬、信赖、服从的信念，从而推动工作的开展。

为什么制度的执行格外强调管理者要以身作则？具体有如下几点内容：

A	示范作用
B	提示管理者要遵守制度
C	亲自证明制度的可执行性
D	公平依照制度规定实施奖惩

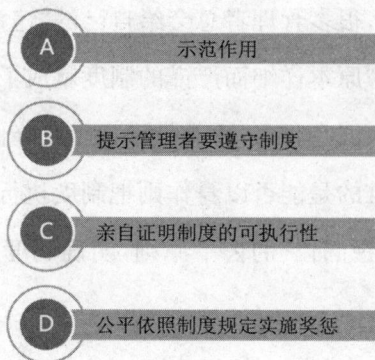

管理者要以身作则的原因

一是管理者的示范作用,上行下效,管理者都在遵守制度,员工也会跟着做,并以此为自豪,这样制度就能被很好地执行下去。

二是提示管理者要遵守制度。管理者有比员工更多的不遵守制度的便利条件,而且往往可以做得更加隐蔽,更加难以管控。很多公司在追查不执行制度的根源时,往往发现首先破坏制度的是管理者。管理者不以身作则,会严重影响制度的执行。

三是管理者能亲自证明制度的可执行性,在制度的执行过程中经常会遇到来自员工的质疑,管理者遵守制度就可以掌握制度的执行效果,对制度有切身体验,当员工提出意见时,制度设计者能有理可循。

四是管理者能公平地依照制度规定实施奖惩,对符合奖励规定的进行奖励,对符合处罚规定的要处罚,不能因人因事而异。

管理者一定要严于律己、以身作则,时时以执行制度为荣,处处做执行制度的表率,事事起模范带头作用,保障各个部门的合规性,调动整个公司员工自觉遵守各项制度的积极性,把公司的各项制度真正落到实处,使每位员工都能自觉以制度为标准来要求自己,进行自我管理。

二、充分发挥榜样效应

团队中具有先进性且能激励其他成员进步的人被称为榜样。榜样像一个精神领袖，是团队其他成员努力的目标与方向。成为榜样是管理者魅力的最好体现。管理者以身作则，赢得了员工的心，在团队面临危机时，员工才更有可能选择和团队共进退。

人们常说"榜样的力量是无穷的"，在团队中，管理者的行为会影响员工的行为，好的行为能带动员工，使其愿意跟随，而坏的行为会让员工形成不良作风，排斥与管理者合作。那么，管理者如何能成为团队的榜样呢？

第一，塑造人格魅力，提升个人影响力。管理者要成为一个品行端正、处事无私的人，要说话办事一碗水端平，不要在团队中形成做事分亲疏远近的不良风气。

第二，带领员工学习。在职场中，学习力等于竞争力，学习的速度等于成功的速度。管理者要带好团队，必须拥有很强的学习能力，比员工学得更多、更快、更全面。同时，不仅要自身会学习，还要带领员工学习业务知识、操作技能、规章制度，全面提升全员素质，增强学习对管理工作的促进作用。

第三，成为执行的领头羊。管理者要想提升员工的执行力，就要在团队中营造出高效率执行的文化氛围。管理者要按照标准、规范、时间严格执行工作，这对形成执行力文化具有至关重要的作用。当管理者以自身的执行力标准要求员工时，员工执行效率不高的问题就可能迎刃而解。每个员工执行力的提升，就会带动团队的执行力焕然一新。

制度和文化在团队中的推进,并不是一件难事。只要管理者先行动起来,以身示范,员工自然愿意跟随。管理者要做到,要求员工做的自己先做到,要求员工不做的自己也不做。管理者要自觉接受员工的监督,用榜样的力量,凝聚团队成员,给团队带来更多的成功。

第三节　细节制胜,关注重要环节

细节无小事,制度的执行也同样如此。如果管理者在制度执行的过程中马虎行事,可能会导致制度执行不达标或者执行方向偏离等问题。这些问题会让制度执行的效果大打折扣,让企业管理事倍功半。

一、不可忽视的制度发布工作

制度的发布工作通常会被很多管理者忽略。有些管理者认为只要把制度贴在墙上,就代表所有员工都知晓了,这是一种非常草率的做法,后期也很容易引起不满和纠纷。正确的做法是郑重地把制度下发到每一位员工手中,让他们明确知晓并随时可查。

通常来说,制度发布方式主要包括以下几种,见下表。

制度发布方式

发布方式	具体做法
电子邮件发送	通过电子邮件将制度发送给每一位员工,然后通知员工认真阅读并回复确认
公告栏张贴	将制度张贴在企业的公告栏上,供员工随时阅读。因为制度的发布者和执行者都是内部员工,所以该方式可以确保制度通知到位

续上表

发布方式	具体做法
内部培训	制度设置好以后，组织全体员工一起学习，并保留相关记录。通过内部培训的方式，员工可以对制度有更加深入的了解，管理者也可以掌握员工对制度的意见，从而进一步推动制度的贯彻落实
按部门传阅	将设置好的制度编印成手册，然后再按部门传阅。另外，为了保证员工已经阅读制度，还应该让员工签字确认
员工手册发放	根据需要制作一份《员工手册》发放给每一位员工，然后在最后一页附注《员工接受书》（具体内容如下："本人已经阅读由×年×月×日起生效的《××制度》，并对其中的内容有了深刻了解，同意接受此制度的各项要求。"）上让员工签字上交
组织考试	组织专项考试，将制度作为考试大纲，挑选一些重要条款作为考试题目。该方式可以加深员工对制度的理解及记忆
入职登记声明	在员工入职时提供制度让其阅读，如不存在反对意见，则签字声明"本人已经阅读制度并自愿遵照执行"
劳动合同约定	在《劳动合同》中增加制度作为附件，并要求员工认真阅读、深刻理解、加强记忆，最后签字确认
员工意见征询	在已有制度的基础上下发制度文本，向员工征询意见。同时还要保留相关书面资料和员工签名
责任人推进	在发布制度前先明确责任人，并要求责任人在规定的时间内使制度得到充分贯彻与落实

管理者还可以使用其他方式，例如，组织"制度学习周"与"制度竞答比赛"等活动，在内部刊物中开设"管理制度"专栏，定期进行制度建设情况公示等。管理者要想让制度顺利发布，除了选择合适的方式外，还要掌握一些注意事项，主要包括以下几点。

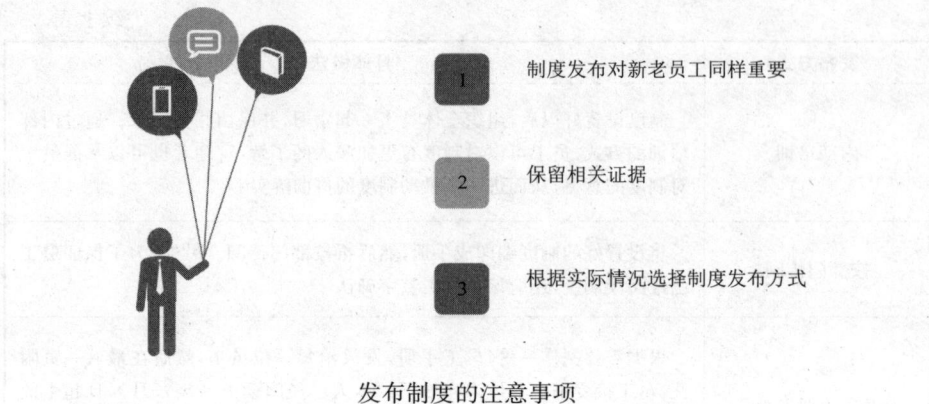

发布制度的注意事项

1. 制度发布对新老员工同样重要

将制度发布下去让员工理解和记忆,增强员工执行制度的意识,这样的活动不仅对新员工是必不可少的,对老员工也同样如此。所以,管理者在发布制度时必须把新老员工全都定为主体,从而使制度得到更好的贯彻落实,大幅度提升整个团队的执行力。

2. 保留相关证据

在发布制度的过程中,管理者应该注意保留相关证据。因为在劳动仲裁中,如果企业没有办法证明已经把制度发布出来,并让所有员工都了解,那么该制度就不能作为劳动仲裁的有效依据。通常来讲,前面表格中的制度发布方式都可以达到让员工了解制度的目的。不过,从法律角度看,电子邮件发送、公告栏张贴都有同一个弊病——难以保留证据,进而导致企业无法在发生劳资纠纷时拿出有力证据,下面通过一个实际案例对此进行说明。

王鹏是一家互联网企业的程序员,2021 年 6 月,他收到了一封邮件,邮件内容是新制定的薪酬制度。该薪酬制度规定,程序员的基本薪酬下调 500 元。他虽然看到了这封邮件,但并没有回复。到了发放薪酬时,王鹏发现不仅自己的基本薪酬下调了，奖金也比上个月少了很多，于是心生不满，气冲冲地去找领导张浩理论。但是，张浩向他表示，下调程序员的基本薪酬已经在新制定的薪酬制度中写得清清楚楚，奖金少是因为他没有按时完成任务。

随后，王鹏以没有看到新制定的薪酬制度为由，要求张浩为自己发放以前的基本薪酬。经过仔细调查，张浩发现王鹏确实没有回复邮件，无法证明他已经阅读并了解了文件，所以就为他补齐了下调的那部分基本薪酬。

由上述案例可以知道，如果管理者选择了难以保留证据的制度发布方式，那就很容易让员工抓到把柄，从而使自身遭受额外损失。

3. 根据实际情况选择制度发布方式

为了让制度发布方式更合适，管理者在进行选择时必须考虑实际情况，如硬件设施、文化底蕴、员工素质等。这样不仅有利于所有员工都能够充分了解制度，还有利于减少因为员工对制度不熟悉而导致的争议和矛盾。

对于管理者来说，掌握制度发布方式和发布制度的注意事项非常关键。如果管理者没有掌握这些内容，那么很可能会影响制度的执行效率和执行效果，甚至会影响劳资纠纷的处理和劳动仲裁的结果。因此，管理者必须重视制度发布的细节工作，积极推动制度的执行。

二、明确执行计划，重视信息化管理

为保证顺利推进制度的执行，管理者要制订明确的执行计划，规划好每一步该做什么、不该做什么，分清主次和阶段，让制度的执行有序推进。

怎样做计划？这离不开企业的信息化管理。企业的信息化管理为企业进行统一、规范、持续、高效的制度执行提供保障，助推企业制度执行的提升。在制订执行计划时，利用信息化管理对所要做的工作进行步骤划分，分清阶段，规划好每一步做什么。通过信息化管理,能制订合理的制度执行计划,以确保制度执行的有序性和有效性。如下的案例很好地说明这一点。

为了将公司的塑胶花打入北美市场,某公司特意制作了精美的产品广告画册,在获得欧美各贸易公司的地址后,将这些广告画册寄给欧美的这些公司。

不久后,有一家实力强大的贸易公司觉得该公司的塑胶花非常有意思,对该公司的报价也十分满意,表示会在一周之后派人来考察工厂并洽谈合作。

该公司管理者了解到这家公司是北美最大的生活用品贸易公司,销售网络遍布美国和加拿大。如果能与它建立长期稳定的合作关系,将会十分有利于公司的发展。

为得到这个机会,该公司管理者立即召开了公司高层会议,宣布要在一周之内,将塑胶花的生产规模扩大到能令外商满意的程度。

从旧厂房退租,到把可用的设备搬迁到新厂房,购置新的设备,设备安装调试,再到招聘新人并对新人进行上岗培训,这一切工作都要在一周之内完成,任何一个环节出了问题,都可能使这个计划前功尽弃。

为了能在短短的 7 天内完成计划,该公司管理者对全体员工的工作做了非常详细的计划,包括哪组人该干什么,哪些工作由谁做,每一天的工作进度等。7 天之后,当那家公司的代表抵达公司时,新厂的设备已经完成了调试。与此同时,该公司管理者已经派人在五星酒店为外商预订了房间。

一切活动都在该公司管理者的计划之中,最后,那家外方公司也与该公司签订了长期合作协议。

该公司管理者最终能与那家公司签下长期合作协议,靠的不是运气,而是高效的执行力。正因为如此高效的执行力,该公司管理者才能在短短的 7 天内完成工厂的重新塑造。

制度执行工作要取得实效并深入开展下去，必须要充分利用企业的信息化管理。信息化是确保企业制度执行计划顺利实施的基本前提和基础保障，重视和抓好此项工作，并使之融入企业制度执行的全过程。

第四节 适当授权，执行要有专人负责

虽然管理者在执行制度时要以身作则，但不能事事亲力亲为。管理者毕竟精力有限，即使能全面盯着制度的执行，也难免在细微的地方出现纰漏。因此，管理者需要将权力放出去，让专人负责制度的执行。

充分而恰当的授权、有明确的负责人同样是制度执行的保障。而实现这一保障的前提是要有明确的制度和目标分工，这最大程度保证了企业对制度的高效执行力。

想要让制度能被更好地执行，有两个具体方法。

学会授权

制度执行要责任到人

如何实现制度的执行

1. 学会授权

企业管理者首先要做到信任员工，授权给他们，同时将目标细分，让其承担相应的目标和责任，行使相应的执行权力，让员工能信心百倍地去执行制度。如下有一个案例。

广东有一家食品厂的老板，为了能如期完成订单，制定了加班制度。加班费十分可观，前来加班的员工也不少，但最终还是没能如期完成订单。

为什么没能完成订单？因为老板虽然制订了完善的加班计划，有可观的加班费，但是他非常不信任员工，经常在工作时严密监视所有员工，包括组长和班长。久而久之，组长和班长不愿意承担任何职责，工厂的员工也十分懒散，加班制度没能得到很好执行。

2. 制度执行要责任到人

企业制度执行不力的另一个关键原因是无人负责，在制定了制度后，企业应该指派专门的员工进行制度的执行和监督，以此来保证执行力度。但很多企业的管理者都忽视了这一点，导致了制度执行不到位。

企业的管理者要细分制度执行的任务和目标，将这些任务落实到具体的负责人身上，给予其充分而恰当的权利，以此来保证制度执行得更加有力。

如果空有一堆制度，没有具体的负责人，就会失去对员工的约束力，员工的积极性也会大打折扣，在执行制度的时候就会偷工减料，而如果负责人没有足够的权力会带来管理上的困难，同样会阻碍制度的执行。

第四章

严格监督：让各项动态尽在掌握中

管理者在执行制度时不能完全放任不管，如果只颁布制度，不检验结果，这样制度很难在企业中起到明显的作用。制度执行必须要有结果，因此管理者必须严格监督制度的执行，做到对各项动态了然于胸，把握全局。

第一节　会监督，制度才可以落地

制度对员工来说是一种外在的约束，如果没有监督或者不要求反馈，那么制度就很难有效执行。管理者需要拿着放大镜在团队中时常查验，督促员工不要放松对制度的执行，才能保证制度顺利落地并长期有效。

一、"放羊式"管理不可取

"放羊式"管理指的是管理者授予员工工作，然后放任员工独立完成，中途不过问也不帮助。这需要管理者与员工的思维方式足够契合才能达成满意的工作结果。但在现实中，很多企业的管理者和员工并不能达成一致。管理者只是把工作全权交给员工，自己当甩手掌柜，而经验不足的员工未必能做好工作,驾驭全局。最终工作的进展达不到预期,管理者觉得员工无能,而员工也会觉得委屈,自己辛辛苦苦工作,即便结果不完美,那也是因为自己没经验。

如今,不少企业都认识到"放羊式"管理已经不再适应时代发展。"放羊式"管理的核心缺陷在于职责不清,没有明确的责任分工和工作要求,在工作上大家互相推诿,不仅降低了工作效率,还会严重影响士气。

张明在一家新技术开发企业担任总经理一职,经过详细市场调查和规划,他决定研发推出新产品,在激烈的竞争中扩大自己的市场份额。紧接着,他将开发新产品的任务交给了研发部门。

研发部门由公司高薪聘请的 10 名技术精英组成,都有经验有技术。但三个月之后,张明问及新产品的开发进度,结果却让他大吃一惊,三个月过去,新产品的研发工作依旧没有头绪,更不用提进度了。

之所以会出现这样的情况,是因为张明采用了"甩包袱"的方式,他把这项任务全权交给研发部,但并没有明确员工的职责,也没有安排具体的项目负责人,工作中连个拿主意的人都没有,于是就出现了相互推诿、"磨洋工"的现象。

出现这样的现象不是因为研发部门的员工能力不足,他们都是高薪聘请的,每个人都有非常丰富的经验和技术,而是由于张明"放羊式"的任务分配造成的人才浪费。

后来,张明指定了两名项目负责人,各自带领团队负责不同的工作,还专门任命了一个工作小组长,负责安排员工的具体工作。在调整了管理方式后,该部门严格实行责任到人的制度,极其细小的工作也有具体的负责人,研发部"磨洋工"的现象有所改善,工作积极性也被调动起来。

如何克服"放羊式"管理的弊端?关键在于明确职责。

再优秀的人才,如果管不好,也会变成庸才。不少企业虽然都实行了责任制，但责任落实并不到位，仍然存在一系列问题，比如有些工作事务莫名其妙就成了"三不管"地带，有些则成为责任交叉地带重复管理，越来越乱。

企业由多个个体组成，明确职责首先要划分整体的工作责任，保证人与责任对应的唯一性，既不能存在空白区域，也不能出现职责交叉，避免责任落实过程中可能出现的各种问题，进而避免出现人才浪费，同时还要制定相应的执行流程和考核机制，帮助员工明白自己该做什么，严格监督，合理有序地进行制度的执行。

二、犯错可以，屡屡犯错不可以

世界上没有完美的员工，任何人从新人到经验丰富的老手都需要成长期。而在这个过程中员工会经历失败来积累经验。对于企业来说，员工犯错误并不可怕，因为失败的教训往往比成功经验更重要。很多时候经验传授会被当成耳旁风，但失败的教训能直击人心。不经过教训的洗礼，员工就不够成熟，无法实现蜕变与升华。给员工犯错的机会，容许员工失败，是在为今后更重要的工作打基础，因为教训使人成长。员工犯错误可以接受，但一再犯错，或一再犯同样的错误，要进行适当处罚。

上海有一家公司，主营大型公用设备，公司有一个非常有能力的老员工违反了工作制度，按照公司规定，他应该受到开除的处分，总经理梅克也批准了管理人员的这一决定。但那个老员工觉得非常委屈，他说："公司当年债务累累我都没有离开，今天我犯了一点错误，你就开除我，真的是不讲一点情义。"

但随后梅克了解到那位老员工之所以犯错误，是因为他的妻子去世，老员工不堪其悲借酒消愁，结果误了上班。

得知这一情况之后，梅克找到老员工，给了他一笔钱，让他安心解决家里的事,不用愁上班的事。老员工本以为梅克要撤销开除他的命令,但没想到梅克却说:"我不希望破坏制度,我相信你也不希望我破坏制度。"但因为这个老员工既有能力又有功劳,梅考克觉得不能浪费人才,就安排了这个老员工去管理农场。

梅克既坚持了按制度办事,又充分表现了自己的人情味,没有因为老员工的一次错误就不再信任他,反倒给了他改正错误的机会,这非常可贵。

作为一名优秀的管理者,一定要能容忍员工犯非原则性的错误,并且要鼓励大胆试错,让员工在试错中成长。

但容忍员工犯错不是指在违反了制度后,不按制度处罚。而是在按制度处罚员工后,根据实际情况,给予员工一些安慰或帮助,让员工明白自己对事不对人,帮助员工走出犯错被处罚带来的负面情绪。

三、把不合格的人及时从团队中剔除

如何让一个团队始终保持战斗力?答案就是及时清退不合格的员工,只保留精兵强将。

企业要想将员工培养成精兵强将并不容易,最主要的是企业要在培养员工的过程中,毫不留情地淘汰平庸者,为员工的成长提供良好的工作环境与竞争机制,这既是对企业的未来负责,也是对优秀员工的肯定。

李莉是北京一家公司的销售经理,最近公司新招进来两个女员工,其中一个工作之外话比较少,但工作很认真;另一个长得漂亮,能说会道,很被看好。但公司这次只能留下一个,漂亮的员工在试用期的前两个月,工作十分努力,但两个月过后,业绩就变得平庸,每次都刚刚好达到最低的考核标准。起初,李莉以为是该员工还未融入企业环境导致的。

　　为了帮助她提高业绩水平，李莉专门安排了一个经验丰富的老员工带她，但三个月过去，该员工的工作水平不仅没有提升，还逐渐失去了工作的积极性，李莉专门找她谈话，并许诺只要她能够完成工作任务，一定会给予其丰厚的物质奖励，但依旧没有效果。

　　反观另一个员工，工作认认真真，每次都能很好地完成工作任务。试用期即将结束，如果留下这样一个平庸者，难免会让那些业绩优秀的老员工感到不公，带坏整个工作氛围，李莉多番考虑，最终决定让这名长得漂亮却能力平庸的员工离开。

　　一碗水端平的管理模式看起来很公平，但对优秀员工来说，却是最大的不公平。优秀员工创造了企业 80％ 的利润，但收入与不合格员工相差无几，难免会产生"干活不干活，拿的钱都一样，那我为什么非要这样努力？"的想法。一旦优秀员工们有了这种想法，就会降低企业的整体工作效率，这种管理模式会把优秀员工逼走。

　　因此，企业管理者一定要及时淘汰那些不合格的员工。具体应该怎么做？通常情况下，企业都有一套完整的人事体系，明确规定什么情形下企业可以主动与员工解除劳动合同。管理者可以借助这些制度来淘汰那些不合格的员工。此外，在招聘时，要尽量避开那些没有培养价值的人，从根源上减少不合格员工的数量，从而为优秀员工打造一个充满活力的工作环境，带动整个企业的发展。

第二节　建立完善的监督体系

　　企业管理中的监督工作不能使用"人盯人防守法"，而要建立完善的监督体系，让监督机制自行运转，从而形成有执行就有监督、有监督就有结果的良性循环。

一、鼓励管理者等有关人员之间互相监督

如何避免管理者等有关人员互相包庇，阻碍制度的公正执行？答案就是建立同级监督机制，让其相互制衡，以此避免受人情世故等因素的影响，包庇违反制度的人。

那么，怎么做才能实现互相监督呢？

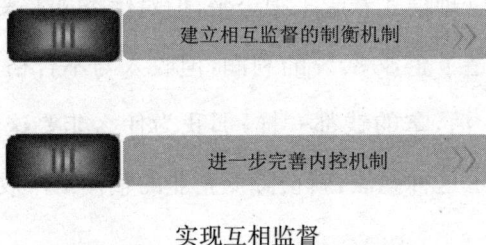

建立相互监督的制衡机制 ▷▷

进一步完善内控机制 ▷▷

实现互相监督

在执行制度过程中，首先要建立部门之间、有关人员之间相互监督的制衡机制，发现违规行为并及时举报。同时要给予举报人奖励与保护，避免出现被打压的现象，解决员工的后顾之忧，还要给予知情不报与包庇隐瞒者严厉处罚。

其次要进一步完善内控机制。从明确岗位职责入手，建立健全的岗位责任制。将岗位进行职责细分，保证人人有事做、事事有人管，实现相互制约的目的。

合理、科学地分配工作是实现人人有事做、事事有人管的关键。它并不单指把工作交给正确的人，还包括让正确的人做好该做的事情。

上海某公司市场部有甲、乙两名员工，他们先后进公司，又是老乡，平时关系很好，是公司同事们公认的"铁哥们"。

一天，快下班的时候，乙对甲说："我提前走一会儿，去参加同学聚会，如果领导来检查，你就说我肚子疼得不行，提前去医院了。"甲说："同学聚会晚去一会儿也没关系，工作比较重要，你还是别早退了，这违反了规定。"但还未等甲说完话，乙已经出了门。

乙走了没一会儿，领导就来查岗，当问甲乙去哪儿了时，从不说谎的甲迟疑了一下，还是向领导说了实话："他参加同学聚会，先走了一会儿。"

为此，在第二天的早会上，乙因提前下班受到了严厉的批评。乙对甲的行为很不满，认为甲不够意思，两个人的关系也没有从前那样好了。

事后甲向乙解释了自己为什么要这么做，他认为乙不应该为参加同学聚会就提前下班，有一就有二，包庇乙的行为就等于害他，受批评、被处罚对他也是好事，这样可以警示他以后注意这些问题，不要再犯错。

这件事情表明，在工作中不仅要遵守制度，还要互相监督，无论管理者还是普通员工真正做到杜绝违章违纪。这既是对他人的关爱，也是对工作和自己负责。

管理者要牢记：确定什么工作要交给什么样的员工做；选定的人要能够做到互相监督；明确规定监督工作完成的期限、条件和方法；定期检查员工的工作进展情况；最后，根据员工完成的情况，实行相应的奖惩措施。通过这样的职责划分，使每个员工能在其岗、明其责。实现管理者等有关人员之间的互相监督，能保证制度的强有力执行。

二、坚持责权利三位一体

如何让监督机制自行运转？答案就是明确权力、责任和利益的归属。有些管理者在授权时忘了同时授予员工责任，只与员工说干好了有什么奖励，却忘了说要承担什么责任,不承担会有什么惩罚,这样可能导致权力滥用,制度执行大打折扣。

所以管理者除了要给员工授权,还要给员工授责。员工接受了权力,同时也意味着接受了责任。如果员工的工作没有做好,需要承担相应的责任。这样可以防止员工滥用职权,增强他们的责任感,让他们更加用心地对待工作。

那么"权"要如何给呢?有些管理者觉得可以简单和员工说一下工作内容,然后员工需要什么权限再和自己沟通就行了,这其实是一种低效的解决办法。"需要"这个范围太宽泛了,如果不提前规划,员工实际上还是要在工作过程中事事请示,必然会提高沟通的时间成本。

以一家餐饮公司为例,下面介绍管理者在向管理级员工授权时,如何划分必要权限、弹性权限与补充权限,来实现权责对等。

1. 找出履职的权限底线

这个底线是指员工负责该工作必须有的权限,如果这些权限缺失,员工就无法正常工作。具体可以按人、财、物、事这几个维度划分。例如,人事权限可分为任免权、考核权等;财务权限可分为折扣权、费用报销权等。

2. 找出有助于履职的弹性权限

弹性权限可以帮助员工更好地履行自己的职责,管理者可以从员工的过往任职经历中提炼,例如,员工在之前的工作中特别擅长活动策划,管理者就可以在财务权限中,增加可以自行策划实施团购或促销活动的权限。

3. 找出有助于经营目标达成的补充权限

补充权限是对基本权限与弹性权限的补充。管理者可以基于员工承担的经营指标倒推有助于目标达成的权限。这部分权限的界定需要与员工特别沟通,明确权限涉及的事项与范围。所谓权大责大,管理者要把握好放权的度,避免员工因贪图权力夸大其词,最后却影响了目标的实现。

管理者可以按照下表分析整理基本权限、弹性权限、补充权限的涵盖范围,并以此作为和员工讨论时的依据。

权限分析工具表

维度	事项	履职的必要权限	沟通探讨的权限	
		基本权限	弹性权限	补充权限
1.人事权				
	(1)任免权			
		①前厅经理任免建议权		
	(2)考核权			
2.财务权				

管理者要知道管理是动态与变化的,自己不可能对员工的工作进行完整授权,总会有现有权限涉及不到的部分。对此管理者可以为员工保留一些机动性,不要把权力限制得太死,让员工有权自行决定一些意料之外但影响小的事情。

通过适当的授权规划,将责任与权力融为一体,便形成了自动运行的监督体系。权限明确,责任清晰,有赏有罚,制度执行自然顺利。

第三节　消除监督死角,拒绝表面功夫

有时管理者建立了监督体系,却还是会有一些因流程不完善、突发状况、人情关系等因素导致的监督死角。对于这些监督死角,管理者绝不能放任姑息,而要及时发现问题,调整监督方法,以免监督成为表面功夫。

一、防微杜渐，及时发现问题

严重的问题往往是由日常管理的一个个小失误积累起来的，这与管理者日常发现问题不及时有关。有时候员工为了避免责罚，总是在汇报时报喜不报忧，导致管理者对当前情况预判失误，进而引发了后续更严重的问题。

德国有一家知名公司也曾出现过报喜不报忧的事情：一线员工在拓展市场时发现公司的一个大客户被竞争对手抢走了，就急忙打电话告诉主管，直言这会影响到整体效益，但主管淡定地说不要慌，在向自己的上司汇报时，轻描淡写地说："经理，市场部出了点问题，一个客户流失了。"

经理不知道具体情况，同样轻描淡写地回答："流失一个客户有什么，公司的客户还有很多，继续开拓市场，争取获得更多的合作。"当总裁向这位经理询问市场开拓的情况时，经理直接说："市场开拓得很好，没有遇到问题，很多客户都有与我们合作的意向。"总裁也就放下心来。但一个月后，公司召开了月度销售会议，总裁才得知不仅公司的市场开拓失败了，还流失了很多客户。

那么，怎样才能避免员工报喜不报忧呢？有以下几个方法。

管理者要乐意听坏消息，鼓励员工报忧、讲实话

管理者应该积极走出办公室，走到工作一线员工中间

完善监督机制

怎样才能避免员工报喜不报忧

（1）管理者要乐意听坏消息，鼓励员工报忧、讲实话。管理者的态度影响着员工的行事，因此管理者一定要坚定地表明自己的态度：坏消息要最优先告知。这样不仅能预防员工隐瞒失败，管理者也能及时指导员工的工作，及时化解负面情绪与问题。

（2）管理者应该积极走出办公室，走到工作一线员工中间。管理者要多与员工沟通，了解员工的工作状态与实际情况。英特尔公司鼓励员工越级汇报在工作中遇到的问题，总裁格鲁夫不管每天多忙，都会打开电子邮箱，查收来自世界各地一线员工的工作汇报。这种越级的汇报真实性更高，因此格鲁夫十分重视。

（3）完善监督机制。通过监督机制奖罚分明，严惩员工报喜不报忧、弄虚作假的行为。要求员工在汇报时要措辞精确，不允许使用模糊的词语，比如，"出了点问题""还行""还可以"等，一旦员工使用了这些词，管理者一定要追问"问题是什么？""还行（还可以）是什么意思，具体说明。"

管理者在安排员工的工作时也要避免使用这些表意不明的词，以免员工产生误解。

员工报喜不报忧意味着制度难以贯彻落实，让问题难以被及时发现，为企业的发展埋下祸患，因此一定要高度警惕并杜绝这种行为。

二、长期坚持，及时问责

在企业中推行完善的监督机制并非一日之功，管理者需要长期坚持、常抓不懈才能让员工将执行制度的规范牢牢记在心中。如果管理者在监督工作时三天打鱼、两天晒网，态度轻慢，就会导致员工也不重视制度。只有将监督融入日常工作中，让员工养成习惯，才能不断提升员工的执行力，保证制度的贯彻落实。

希尔顿酒店的制度监督就做得非常到位。希尔顿酒店的服务理念是对客户保持微笑,老板希尔顿的座右铭就是"今天你对顾客微笑了吗?"他要求员工不论工作多么辛苦,都要坚持落实这一服务理念。

为了保证微笑制度能落实到位,希尔顿不但以身作则,从自己做起,还积极地走向各个分店,监督微笑制度的落实情况。他每次巡视分店提到最多的一句话就是:"今天你对顾客微笑了吗?"

在希尔顿的监督下,希尔顿酒店的员工将微笑制度贯彻落实下去,这种真诚的微笑也成为当时一道亮丽的风景线,感动了无数顾客,为希尔顿酒店树立了良好的品牌形象,帮助希尔顿酒店走出低谷。

希尔顿酒店的成功告诉我们,作为企业管理者,应该把制度监督工作长期坚持下去,不能虎头蛇尾,只把监督当成一时的发展需要。而且,企业的最高管理者能否带头做好监督工作,是监督工作能否得到长期落实的关键。如果每一位管理者都能像希尔顿那样坚持,企业的制度监督就会发展成一种习惯,成为一种文化,每一位员工也都会严格要求自己,自觉地落实监督制度。

除了要长期坚持制度监督,还要将监督工作落到实处,不做表面功夫,这就要求企业做到及时问责。

问责的核心是"问",本质上是一种监督和了解。问责时,管理者要"打破砂锅问到底",充分考虑到权责对等,员工有多大的权力,就要承担多大的责任。"责"对应的是责任与责罚,企业要将责罚落到实处,明确负责这项工作的员工是否遵守公司制度,是否在规定的时间内完成任务,员工的职责所在。如果员工没能完成自己的职责,管理者就要追究员工应该承担的责任。

问完员工,管理者还应问自己,员工工作出问题,其直接上司是否有不可推卸的责任,是否用人不当,或者任务分配不当,还是上司监管不力导致问题超出可控范围等。管理者要进行自我反省,并针对自己存在的问题与不足承担相应的责任,让员工心服口服,不再出同样的问题。

只有及时问责,才能将制度落实到每一项工作中,只有长期坚持监督工作,制度才能落地生根、开花结果,才能转变为工作作风,使员工时刻感觉到纪律的约束,自觉用制度要求自己,充分释放制度的力量。

第五章

考核评价:以公平原则衡量员工表现

为了保证制度执行的效果,提升整体绩效,考核是一项必不可少的工作。它不仅可以客观衡量员工的工作表现,还可以将员工的工作情况做阶段性总结,从而积累成功或失败的经验,以便优化下一阶段的工作。

第一节　考核必须公平、公正

无论管理者使用什么考核方法、多久考核一次,都要将公平、公正作为考核的基本原则。如果考核有失公允,不仅会引起员工不满,更会让考核效果大打折扣,失去意义。

一、切勿让个人情感影响考核

人是感情动物,同在一家公司共事,管理者在考核时难免会掺杂个人情感。如果不加注意,管理者有时甚至会无意识地对一些员工做出一些失之偏颇的判断,例如觉得该员工效率低一定是上班偷懒导致的等。这种武断的评价会让考核有失公允,也会导致管理者无法察觉真正的问题。

导致这种主观评价倾向存在的具体原因有三点。

1. 首因偏差

美国社会心理学家洛钦斯指出，当我们与某人进行第一次接触的时候，往往会对这个人形成一个最初的评价，这个评价就是我们对某人的第一印象，而由这个第一印象所产生的一系列的反应，就称之为首因偏差。

管理者在管理员工的过程中，也常有类似的情况，如管理者先入为主地认为某位员工具有认真负责的品质，即使该员工以后工作中出现了失误，管理者也会觉得人无完人，更容易包容其失误。但若先入为主地觉得某员工是个"刺头"，那么，该员工在日后稍微有不良表现，都会加重管理者对其的负面印象。故管理者在评价员工时，不应依据片面印象来评价，要综合考量其素质，同时还要把握好管理者自身给人的第一印象。

2. 晕轮偏差

晕轮偏差是指某人的某种特征或品质过分突出，像月亮的晕轮向周围弥漫、扩散，掩蔽了事物的总体面貌，导致观察者看不到这个人其他特征或品质。表现在评价过程中，因管理者对考核对象有先入为主的印象，在评价时，就容易以点概面、以偏概全。

晕轮偏差对管理者的启示是，在评价员工的时候一定要综合考量。例如，部分员工性格内敛，但工作负责，而有些员工善于交际、口才出色，但实际工作成果却并不尽如人意。所以管理者评价员工时，应广泛收集信息，全面考察事实，尽量避免评价的片面性。

3. 刻板偏差

刻板偏差是指在人们接触某人时，常不自觉地按其年龄、性别、职业等特性对其进行分类,在脑海中给予其固定形象,并以此作为判断其个性的依据,把人定性。最常见的定性是在观察某人时,将其归到某一群体之中,如"高富帅""女强人"等。管理者在日常管理中,经常会依据员工对待工作的态度,交际水平等把员工分为若干类,从而采取不同的管理对策进行管理。

对员工定性在一定程度上方便管理者去开展管理工作,但管理者如果没有充分了解员工,以偏概全去定性,就会形成不正确的刻板形象,不符合员工的实际特点,导致形成偏见。作为管理者,必须全面地了解员工,才能对员工做出正确判断,实施管理。

二、要求员工积极参与考核

考核的结果与员工的利益和企业目标的实现息息相关。不让员工参与考核,就无法使员工与企业对齐目标,就无法让考核结果帮助企业目标的实现。

企业怎么做才能实现员工的全员参与呢?

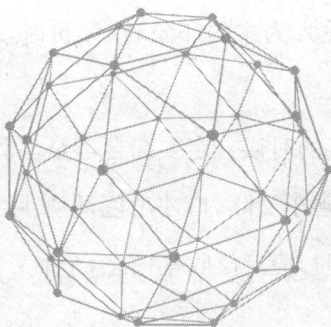

01	设立考核委员会及考核小组
02	制定切合实际的考核方案
03	慎重制定考核标准与指标
04	对全体员工进行相关培训
05	重视员工意见,不断优化考核制度

企业怎么做才能实现员工全员参与考核

（1）设立考核委员会及考核小组。考核主体直接影响着员工对考核结果的认同感，因此，企业可以通过不记名投票、问卷调查等方式，让各层级的员工最大范围地参与到考核主体的选择上来。

（2）制定切合实际的考核方案。企业要深入实际，详细了解各部门的岗位设置情况、员工工作情况，与各部门负责人和有关管理人员一起研究考核的详细内容，同时将考核内容与员工的薪酬、晋升、调整、胜任评价等相挂钩，使员工产生"考核与自身相关"的紧密感，主动参与到考核方案的制定中来。

（3）慎重制定考核标准与指标。要想保证员工在考核上的参与度，在制定考核标准与指标时，可以采取上下互动的形式，经过各层级员工的层层讨论，让员工充分参与进来。在广泛听取意见的基础上，拟定本部门人员的考核标准与指标，通过自下而上的信息交流增强员工的认同感与参与度。

（4）对全体员工进行关于考核的相关培训，提高员工的考核意识。大多数情况下员工对考核产生反感甚至敌对情绪，是由于没有明白企业进行考核的真正意义，只看到了考核表面上的约束作用。

（5）重视员工意见，不断优化考核制度。任何考核制度都存在一定的缺陷，而这些缺陷会引起员工的不满或抵触，考核者也会有所顾忌。因此，要广泛发扬民主，重视员工对考核制度的意见，有则改之，无则加勉，不断优化考核制度，增加考核工作的透明度。

在激烈的竞争压力下，员工大都希望自己在工作中能有更多的发言权，都渴望自己的工作结果能得到一个公正公平的评价和反馈，因此，让员工参与到考核之中，是弱化员工对考核的抵触情绪的最佳手段。

三、常用考核方法大盘点

下面介绍几种常用的考核方法。

1. KPI：关键业绩指标法

KPI 是 Key Performance Indication 的缩写，意为关键绩效指标，是对企业内部的关键参数进行设定、提取、计算和分析，将企业的目标量化，以获得绩效指标的考核方法。

那么，关键业绩指标法的应用流程有哪些？如何确定企业到各个具体部门的 KPI？

首先，要根据企业的战略目标，通过鱼骨分析法，找出企业最重视的目标，衡量企业价值。下图为某食品公司的 KPI 鱼骨图，管理者可以将其作为参考。

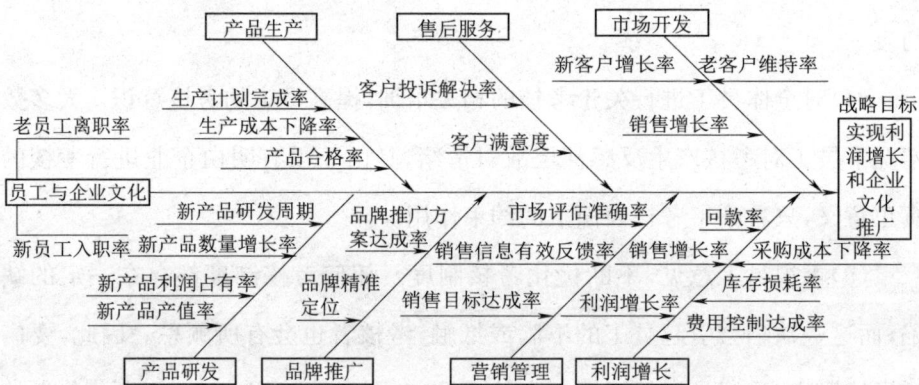

食品公司的 KPI 鱼骨图

通过鱼骨分析法确定了企业最重视的目标结果后，再找出决定这些目标结果的指标，由此可确定企业的 KPI。

接下来，各部门的主管要依据企业级 KPI 建立部门级 KPI，并进行分解，确定相关的目标、实现目标的工作流程等。

　　然后各部门的主管进一步细分 KPI，将之分解为更详细的 KPI 及各岗位的业绩衡量指标。通过层层推进、相互支持，最终将每个部门的 KPI、每一名员工的 KPI 通过定量或定性的方式确定下来。

2. BSC：平衡计分卡

　　BSC 是 Balanced Score Card 的缩写形式，意为平衡计分卡。平衡计分卡由美国管理专家卡普兰教授创立，目前世界五百强企业中有 70％的企业都在使用这一绩效考核方法。平衡计分卡有四个考核维度：内部运营、客户、学习和成长、财务，打破了企业过于重视财务指标的传统理念，将企业的发展战略具体化为下表。

平衡计分卡的四个维度

维　度	战略目标
财务	提升资本回报率 提升现有资产利用率提升利润率 成为业内成本管理领先者 良性增长
客户	持续为目标客户提供愉悦的消费体验 建立与经销商双赢的合作关系
内部运营	促进产品和服务创新 打造最佳经销商团队 提升生产水平 提升存货管理水平 成为行业内成本管理领先者 及时、按规格送货 加强环保、健康、安全管理
学习成长	营造良好的工作氛围提升战略性能力 及时掌握战略性信息

3. PDCA：闭环式考核法

闭环式考核法是一种环环相扣的管理流程，它包括 Plan（计划）、Do（执行）、Check（检查）、Action（行动）四个流程。绩效考核以目标结果为导向，以绩效合约为标准，闭环式考核法循环对绩效管理尤其适用。

上海一家公司主营服务行业产品，为各大企业提供展会服务，目前在职员工有 300 人左右。该公司具体的考核方案为定量指标与定性指标相结合。

但该公司有一些岗位的工作很难量化，比如市场分析岗位，其主要工作是制作市场分析报告，考核指标多为定性指标。而有些领导对定性指标的评价非常主观，仅凭个人喜好或感觉打分，缺乏说服力，员工感觉不公平。

那么，在实际的绩效考核中，如何利用闭环式考核法解决案例中的问题呢？主要有以下流程。制订绩效计划（P），首先确定企业的计划，然后将企业级计划分解到各职能部门，再根据部门、岗位的工作分析从定量和定性两方面设定考核指标，考核指标要经过管理者与被考核者的充分沟通，分层分级确定。

绩效计划的执行（D），只有执行和落实了绩效计划，才能体现出其存在的价值，发挥其应有的作用，因此企业各层级的部门和岗位一定要按照确定的绩效计划进行工作。

绩效的检查（C），这一阶段管理者要能及时发现存在的绩效执行问题，并及时进行纠正，管理者要注意考核的周期不宜过长，一般一个月或两个月为一个考核周期效果最佳。

针对绩效的行动（A），绩效考核结束后，管理者要及时向各部门和员工反馈考核的结果，让他们清楚自己的绩效情况，明确哪些做法符合企业要求，哪些地方有待提高。

4. OKR：目标与关键成果法

OKR 是 Objectives and Key Results 的缩写，Objectives 是目标，Key Results 是关键成果，意为目标与关键成果法。用它来定义与追踪重点目标及完成情况，不仅是企业进行目标管理的简单系统，还能将目标管理自上而下贯穿到企业基层。

以某科技公司为例，看看企业应如何实施目标与关键成果法。该科技公司实施目标与关键成果法的第一步是协商目标，建立如下图所示的标准流程。

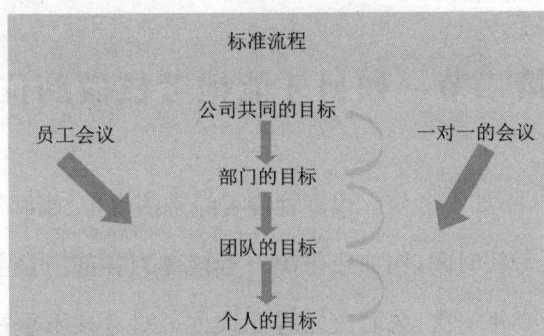

协商目标的标准流程

从上图中可以看出，公司将目标划分为四个层级进行分解，分别是公司、部门、团队、个人的目标，在实际的应用当中，一般 OKR 分为三个层次，分别是：

企业 OKR：明确企业的整体目标，聚焦重点。

团队 OKR：重点明确团队的工作优先级，从团队层面出发。

个人 OKR：明确自己该做什么。

第二步是公示 OKR,针对为什么设定这些目标、实现这些目标对于企业的意义、完成这些目标需要员工付出什么样的努力等问题进行详细沟通,确保公司上下对目标理解一致。

第三步是执行 OKR,这一阶段的重点是管理者要定期检查,必要时进行调整。

第四步是复盘,这是整个目标与关键成果法实施周期的结尾,重点内容是由管理者回顾整个过程,除了要复盘上季度的 OKR,还要确定当季的 OKR。

通过设立不同层面的 OKR,层层分解和彼此结合,企业在 OKR 的帮助下形成了一个涵盖了每个员工的完整大网,加强了彼此之间的关联,将目标紧密地统一在一起,可帮助企业发挥员工的能动性,提高企业绩效管理的效率。

第二节　如何才能把考核做到位

考核不到位,不如不考核。很多管理者经常因事忙、嫌麻烦等原因降低考核标准或者拖延考核时间,例如公司统一考核变为各部门自主考核或者一月一次的考核变为半年一次,久而久之将导致员工对考核不重视、敷衍了事,让考核形同虚设,全无效果。

一、考核必须常态化

考核的目的是让员工意识到工作中的问题,进而优化工作方法、对齐目标,提高效率。因此,考核不应该是管理者一时兴起的行为,更不应该看心情组织。科学合理的考核不是一时的率性行为,而是要保持连贯性和持续性,长期伴随企业的发展,将考核变成常态化,这样才能让员工一直保持紧张感,发挥出考核应有的推动力。

周扬在一家私营公司担任了三年的部门主管，他刚到公司时，公司只是一个初创小公司，老板也不重视考核，他自己所拥有的资源，就能够保持企业较快的发展速度，带给员工非常大的优越感，导致员工都没有什么进取心。

但近几年，同行竞争越来越激烈，公司失去了固有资源的优势，员工的工作能力也比不上其他竞争公司，公司的效益连续半年走低，老板顿时产生了危机感。

为了改变公司效益下滑的状况，把这种危机感传达给每一个员工，老板宣布一个月后要进行考核，考核的标准也比以往多，对照这些标准，很多员工发现自己不达标，为了能顺利通过考核，大家拼命地"补"工作。

一个月后，大多数员工的业绩都达到了考核标准，大家都觉得自己做得不错，老板也在这次考核中找到了心理安慰。于是就中断了刚有效果的考核。两个月后，老板发现员工的工作积极性不高，于是又继续考核。

这种断断续续、反反复复的考核，不仅没有对公司效益的提高产生实际作用，给员工带来的进步也非常有限，还不断弱化了考核的严肃性，员工最初还提心吊胆地努力工作，次数一多，就不再把考核当成很重要的事，还会滋生为了考核而弄虚作假的现象。

真正的考核不是突击检查，也不是某一次严格检查，而是要长期坚持下来。只有持续不断地考核，并根据员工在这一持续过程中的具体表现，实施奖惩措施，考核才能真正发挥作用。

而让考核常态化也是制度强有力执行的另一重要保证，能从根本上改变员工对于制度的态度，促进员工自觉遵守制度。

二、把态度纳入考核要素

在工作过程中，态度是很重要的一项考核项目。如果员工热爱工作，能够全身心地投入工作，那么工作就会成为一种乐趣，困难也会变成成功的垫脚石，员工很容易就能在工作中获得成长与成就感。

那么，怎样才能将工作态度纳入考核中呢？

管理要先详细地列出有关态度的考核指标，比如，上班时间不闲谈、不上网聊天、不网络购物、不浏览与工作无关的网页，与同事合作等。将这些考核项目列出来公布给员工，让员工明白自己怎么做才符合公司的考核指标。

然后在平时的管理中，管理者要积极奖励态度好的员工，这种奖励意味着肯定与认可，对员工的工作能产生非常大的鼓舞。

刘钢是北京一家大型滑雪场的普通修理工，这家滑雪场近期引进了人工造雪机在坡地上造雪。有一天刘钢独自巡夜，看到其中一台造雪机喷出的全是水，他意识到造雪机的水量控制开关和水泵水压开关出了毛病。他跑到水泵坑边一看，才发现坑里的水已经快漫到动力电源的开关了，如果再不采取措施，将会出现动力电缆短路，给公司带来重大损失。

在这种情况下，刘钢完全可以向上级汇报，等人前来处理，但他不顾个人安危，控制住水泵阀门。又排尽坑里的水，重新启动造雪机。当同事赶过来帮忙的时候，他已经把事故处理妥当。

刘钢为公司减少了大量损失，因此他受到了公司的表扬和嘉奖，并被提拔为部门经理。

刘钢的经历让我们看到，态度带给工作的影响究竟有多大。员工的态度通常包括主观因素，比如主动性、热情、忠诚和团队合作精神等，这些因素虽然难以界定和计量，但它非常重要，与员工的工作息息相关，因此要把员工的态度当作一个必不可少的考核要素。

我们常说"态度决定一切"。如果一个人的工作态度不端正，不自我反省，缺乏责任心，那么无论如何也不会成功的。个人想要成功离不开全心全意的敬业精神，企业发展也同样需要有敬业精神的员工。所以，把态度纳入考核之中非常必要。

三、处理员工对考核的争议

公司是由形形色色的人组成，这些人的个性、背景、经历、价值观等都不相同，发生争吵也在所难免。公司考核一般都是人事部负责，考核结果可能会影响其他部门员工的利益，导致员工之间发生争吵。在现实企业管理中，当员工之间出现争议，不管员工争吵得如何厉害，很多管理者都佯装不知，领导都抱着"放任自流"的态度，认为"吵完就好了"。但实际上这种不作为的管理方法并不明智，领导的沉默就等于纵容，原本工作层面的争吵很可能会再度升级。

作为一个合格的管理者，在争议面前该怎样做？要想解决好争议，做合格裁判，需要把握三点。

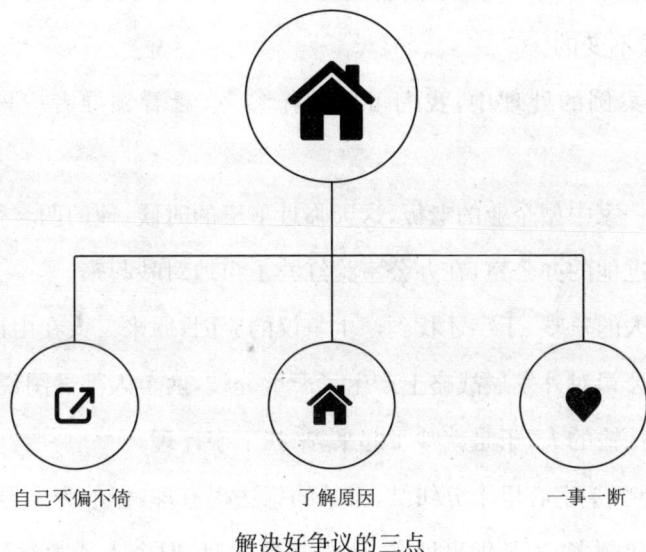

| 自己不偏不倚 | 了解原因 | 一事一断 |

解决好争议的三点

1. 自己不偏不倚

管理者在解决员工争议时，首先要秉公办事，不能有私心。如果管理者有私心，做不到公平公正，只会深化员工之间的矛盾，更加不利于日后的管理。

2. 了解原因

自己认为的好员工也有犯错误的时候，表现一贯不好的员工也不一定不在理，所以管理者要深入调查产生争议的原因、过程、争议发展的程度、波及的范围以及性质等，全面了解争议，才能把握全局，抓住关键，有的放矢地解决问题。

如果不了解真相，凭想当然判断谁是谁非，最终要么解决得不彻底，要么解决得根本不对，从而出现更多的争端。

3. 不要套经验，要一事一断

根据争议产生的原因、过程、程度等因素，管理者要判断解决争议的方法，比如先解决哪些问题，后解决哪些问题，哪些问题可以曲线解决等。要因时因地因人因事而异，一事一断，不要套经验，因为每个人每件争议都有鲜明的个性，不是一成不变的。

从如下案例的处理中，我们可以用作参考，看看领导者应该如何解决争议。

丁宇是一家中型企业的老板，这天临近下班的时候，他的两名得力干将怒气冲冲地走进他的办公室，在办公室脸红脖子粗地对吵起来。

听了两人的争吵，丁宇才找到产生争议的原因，原来二人在由谁去组建分公司以及分公司对外发展战略上产生了严重分歧，两个人都试图说服对方，但都不是轻易认输的人，于是就吵了起来，来找丁宇评理。

作为裁判，丁宇心里十分纠结，张某的想法很有理，但他为人异常自大，在公司内部树敌颇多；陈某做事稳妥，比张某受欢迎，但个人能力远远比不上张某。关于安排谁组建分公司的问题，丁宇也拿不定主意。考虑到两人是自己的左膀右臂，丁宇先出言制止了两人的争吵："你们的意见我都听到了，这样一直吵下去也不怕同事们看笑话！"

虽然丁宇个人比较喜欢陈某的性格，但出于公正的考虑，他还是分别与两个人进行了谈话，了解清楚了两人对组建分公司的想法，最终他决定将组建分公司的相关事宜交给张某，让做事稳妥的陈某负责公司内部的事情。

丁宇事后将两个人叫到一起，先是表明自己对两个人想法的肯定，然后又表明自己对组建分公司的态度与期望，从两个人的优势出发，说明自己为什么要做这样的选择，以此来化解两个人心中对对方的不满意，至此，争议才算真正得以化解。

越是在争议面前，企业管理者越要大公无私，谨慎对待争议，对事不对人，同时面对员工之间的争吵，管理者要学会主动出击，做一个公正的裁判，尽快解决争议，化解员工之间的矛盾。视而不见，或者处理不公都会破坏内部团结，不利于企业的长远发展。

第三节　根据考核结果评价员工

考核结果非常重要，它不仅是员工这一阶段工作情况的反馈，更是指导员工改进下一阶段工作的依据。管理者要用好考核结果，建立评价体系，帮助员工进步。

一、结果反馈：客观反馈问题

有考评就要有反馈，管理者在考核结束后要把考核结果积极反馈给员工，以帮助员工改进工作、完成目标。反馈分为正面反馈与负面反馈。正面反馈是管理者对员工的称赞和认可，并同时提出的一些优化意见；负面反馈是管理者与员工沟通之后，指出员工的不足之处，并针对员工的不足之处给出具体的解决方案。

正面反馈的关键在于"具体"，管理者将正面反馈讲得具体，才能达到最好的反馈效果。下面以"小李做市场调研很辛苦"为例，说明正面反馈的效果。

泛泛的反馈："小李工作很努力，非常敬业，这个月废寝忘食，工作特别投入。辛苦了，好好放松两天吧，休息一下。"

具体的反馈："小李，你这个月工作特别投入，为了写市场调研报告，连续两天加班了。我看过你的报告了，完成得很快，而且很有质量。整个报告数据翔实、主次分明、分析细致入微。特别是市场前景分析那部分内容，紧扣公司的实际情况，分析方法和分析思路都很独到，解决方案也非常具有可行性。这对公司下一步打开市场具有指导意义。我想，这两天你再辛苦一下，做个总结，对你将来工作也有好处。"

在上述的案例中，第一种反馈固然有效，但小李仅会对管理者有一些感激之情。第二种反馈才是小李更喜欢的。员工更在意的是管理者对其工作本身的反馈，这可以帮助其将工作做得更好。泛泛的称赞对员工有一定的激励效果，但非常有限，员工更希望知道管理者对自己工作真正的评价，这可以让他们知道后续工作努力的方向，从而更好地投入工作。

负面反馈不等于给员工"差评"，其要点是"只描述，不评判"。具体来说，要遵循以下几条法则。

第一，对事不对人。管理者不能因为员工在某些工作上的不足，就做出员工"干什么都不行"之类的主观论断。

第二，只讲后果。在负面反馈过程中，管理者只要客观、准确地描述员工的错误行为给公司带来的不良后果就可以，然后让员工自己认识到问题，而不是一味批评员工甚至人身攻击。管理者不能掺杂太多个人主观情绪到反馈中，否则很容易导致管理者与员工的关系恶化。

第三，以正能量的方式结束。负面反馈的最后，管理者要告诉员工提高绩效之后的积极结果，即对员工个人和公司有什么好处。下面以"李某醉酒"为例，说明负面反馈的效果。

评判式反馈："李某喝酒后还上班，在公司影响极坏。"

负面反馈："李某喝了酒，一身酒气，还在走廊撞了别的同事，在办公室大声喧哗，大家都听说了。"

评判式反馈加入了个人主观情绪，仅说明了李某喝酒以后来上班，在公司影响极坏，并没有讲出影响坏的表现。第二种负面反馈是在客观描述，不带有任何主观色彩，将李某喝酒上班的具体表现指了出来，有理有据，更容易服众。

管理者要在考核过后及时给予员工反馈，让员工认识到自己工作中的优势及不足，从而坚持自己的优势，改进自己的缺点，更好地完成目标。在给予员工反馈时，无论是正面反馈还是负面反馈，管理者都要讲方法、讲技巧，以便使反馈达到更好的效果。

二、诊断与辅导：提出解决方案

在向员工反馈问题后，管理者还要对员工的考核结果进行诊断与辅导，帮助员工明确工作中的优势与不足，并提出解决问题的方案。

以张经理和小陈的辅导为例，根据公司的安排，张经理约小陈进行工作辅导，两个人提前都为这一次的沟通做了充分的准备。张经理起草了沟通方案、仔细审阅了小陈的工作日志、培训会议记录、上一期的考核评估报告等材料，并提前通知小陈整理好当月的工作总结，约定了沟通的时间和地点。待到约定的时间，小陈准时来到张经理的办公室。

张经理："小陈，你这个月的工作总结和工作日志我都认真看过了，整体工作十分不错，你在制定培训方案、实施培训方案、培训总结这几方面都做得很好，这些都是值得肯定的。希望你在将来的工作中再接再厉，继续做好这些工作。"

"同时，我还有两个问题想和你沟通一下，一个是培训的组织安排，最近你安排得不是特别好，像研发部的李总就在主管会议上反映你这个月没及时把培训计划文件发给他，耽误了他们部门工作。此外，有些同事反映你在培训时只是照本宣科，念完培训材料，说几句套话就结束了。关于这两个问题，我想听听你怎么说。"

小陈："张总，你刚才说的那两个问题确实有，但我也有自己的苦衷。比如说培训的组织安排，最近公司临时交给我一些紧急任务，我分身乏术，就忘了发放培训计划文件，我也经常提醒别的部门主管来拿文件，但他们也记不住啊。"

张经理："那你有没有什么解决思路？"

小陈："我觉得可以再开一次主管会议，讲一下培训的重要性，让各主管明白培训是他们工作内容的重要部分，不能轻视培训工作。而且还要在私下经常和他们沟通这个问题，确保执行效果。"

张经理："嗯，你说得对。你如果能和各主管多沟通培训的工作，让他们认识到培训的重要性，培训工作就更好开展了。今天沟通之后，我和各部门主管提前讲一下，以后你要尽可能和他们多沟通，好吗？"

小陈："谢谢张总，另外，关于培训的问题，公司现在有些培训，内容是重复的，比如公司制度的解读、公司礼仪等，反复讲这些内容，老员工也不愿意听。是不是可以给新入职的员工单独培训这些内容？"

张经理："你说得很有道理，减少一些不必要的培训，也能节省很多时间，这个问题我会尽快向公司提出来。总的来说，你这个月的工作整体不错，但是也要重视出现的问题，以后你还要多和其他部门沟通，希望下个月能够看到你的进步。"

张经理和小陈经过良好的沟通，明确了小陈工作中的问题，同时提出了解决方案，这能够指导小陈接下来更好地完成工作。辅导沟通的目的是帮助员工提高绩效，帮助员工成长。管理者认识到这一点，沟通就会事半功倍。在上述案例中，张经理和小陈的沟通之所以能够取得良好的效果，是因为两人能够耐心分析问题，并找出解决问题的方法。

那么，管理者进行绩效辅导沟通的技巧有哪些呢？

首先，管理者要与员工进行讨论，共同找出员工工作中的问题。另外，管理者在进行辅导沟通前，要做好充足准备，了解员工近期的工作内容、状况、成绩等，这样才能与员工有"话"可谈。

其次，管理者要制订具体有效的行动计划。辅导的目的在于帮助员工更好地开展工作，因此管理者在找到员工的问题后，需要有针对性地提出解决办法，制订合理有效的行动计划，否则沟通就只是纸上谈兵。

最后，管理者要充分听取员工的意见。工作中出现的问题除了员工自身原因造成的外，还可能存在一些客观原因。这些客观原因员工一般很难改变，需要管理者为其提供一些资源或帮助，这时管理者就要酌情为员工提供必要的支持，以便让员工能安心工作。

三、工作改进：以书面形式确定改进计划

制订工作改进计划是将考核结果应用到工作的总结和升华，它可以让员工对当下的工作情况进行梳理，并了解当前工作的最佳标准，重新设置工作目标。工作改进计划最终应落实成书面的形式（见下表），然后汇总到 HR 处归档保存，作为日后工作的依据。

工作改进计划表

被考核人姓名	部　　门	职　　位	考核人姓名	考核周期
绩效中存在的不足				
原因分析与改进措施				
工作改进计划				
工作改进具体目标				
目标类	具体目标	目标结果	衡量标准	考核权重
业绩目标				
能力目标				
行为目标				
改进完成时间				
被考核人签字：	日期：			
考核人签字：	日期：			
人力资源签字：	日期：			

第六章

奖惩方案:激励和处罚都不能少

考核与奖惩相结合才能让制度发挥最大的作用。只靠语言的批评或夸奖很难让员工对制度引起重视,只有与员工的切身利益相关,制度才能生效。

第一节　竞争点燃团队效率

团队效率低很可能是公司氛围出了问题。试想,一家公司如果人人都偷懒应付,得过且过地混日子,那么即使有新鲜血液加入,没过多久也会被同化。只有形成充满活力的竞争氛围,才能激发员工的战斗力,让团队效率更高。

一、通过奖惩激发良性冲突

管理者可以适当用奖惩来激发团队中的良性冲突,赋予员工危机感,让其始终充满干劲,不会因常年无压力而产生"混日子"的心态。

小林在一家新媒体公司工作了五年,对于工作内容了如指掌。八小时工作制,他每天四个小时就能完成工作,其余时间他就用来浏览网页或朋友圈。由于常年身处这种无压力的工作环境,小林养成了办事拖延的毛病,因为他知道即便拖延,他的工作依然能完成。

同公司的小周和小吴跟小林在同一时期进入公司。三人刚来时都是信心满满的状态,但看见身边同事缺乏热情,小吴自己也逐渐失去了干劲,对待工作得过且过。整个公司在这种氛围的影响下甚至产生了集体惰性。而小周事业心强,没有被集体惰性影响,起初他规劝小林不能放弃努力,但见小林并不上心,便自己努力工作,最后凭借实力成功跳槽到了大公司。

一旦公司产生集体惰性,不愿"混日子"的人才就会选择离开,而留下的人大多是得过且过之辈。团队整体工作积极性下降,工作效率随之降低,团队自然无法得到发展。

对于这种状况,管理者必须制定有效的策略重新激活团队的活力,以下流程可供管理者参考。

1. 建立竞争机制

面对人才的离去和公司效率的降低,小林公司的管理者王伟痛定思痛。作为招聘者,他深知目前公司的每一位员工都是"潜力股",而他需要做的是激发员工的潜能,令员工重燃斗志。他根据公司的运营岗位,人为制造了竞争环境:在栏目内容制作组任用了有能力的新人,在内容发布组设置了"阶梯式点击量奖励",点击量达到 5 万、10 万、50 万等分别有不同奖励。他还设立了绩效奖金制度,给予每个部门一笔绩效奖金,绩效越高,奖金就越丰厚。

这样一来,为了奖金,面对斗志昂扬的新员工,小林、小吴这种老员工再也不敢懈怠。新老员工良性竞争,各放光彩,团队人人积极工作,效率大增。

2. 进行及时奖励

竞争机制的建立不是一朝一夕的,它是一个长期过程。王伟计划在新的一年使公司的微信公众号和微博的订阅量各达到 20 万。他将这个大目标拆分成了小步骤,要求每一季度两个平台的订阅增长量在 5 万左右。每一季度末,规划栏目部门的微信组和微博组谁先达到 5 万订阅量，便奖励该小组季度奖金。

员工每次在一个小步骤的竞争中取得胜利，管理者就应及时给予奖励，从而帮助员工建立自信，使其对竞争充满热爱。

3. 失败接受惩罚

既然是竞争，就会有成功与失败。小林在公司的内容发布部门负责公司一个新平台的内容发布，但平台刚建立，用户稀少，发布内容的点击量不高，故在这个季度的点击量竞争中小林所在的组败给了另一个组。虽然失败情有可原，但制度执行不能打折扣，最终小林因平台点击量不高，而被扣除了当月的奖金。

将成功的竞争者树立成团队的榜样固然重要，但管理者也不要忘了对失败者的激励和安抚。管理者要让失败的员工明白失败不可耻，可耻的是不懂得从失败中反思并进步。管理者要培养员工的竞争精神，就要让员工清楚，竞争失败是被允许的，不敢竞争的人是不会有进步的。

二、团队对战加强鲇鱼效应

管理者应该明白，团队内部一团和气，相互谦让，并不是好征兆。如果团队长期处于这种状态，如沙丁鱼群般在鱼槽里长期静止不动，时间久了，就会丧失危机意识，变得死气沉沉。管理者要改变这种情况，最好的办法是引入"鲇鱼"，也就是强化团队的竞争氛围，让团队获益。

内部对战制度是强化竞争氛围的好方法。比赛可以激发员工的胜负欲，而团队成员一起努力达成对战目标，战胜对手，也可以加强团队凝聚力，让大家劲往一处使，更重视团队利益。

在河北一家数码专营店中，管理者将 6 名销售员分为 A、B 两个小组，为双方制定了团队对抗赛的规则，目的是促进员工之间的了解，增强团队员工的协作力，最终提高销量。对战周期分别为月度、季度和年度。

A组的三名员工中有一名是新员工,对工作内容不太熟悉,而B组有一名员工是调岗来到该店的,其业务能力较好而团队关系较弱。A、B两组在进行对战时,A组由于新员工在业务上的不熟悉处于弱势,在第一个月的对战中落败。

B组调岗员工由于个人原因不能全身心地投入工作,业绩逐渐下滑。而A组的弱势情况也随着新员工能力的提升而被弥补。于是,A组在第二、第三个月逐渐追赶上了B组的业绩,获得了季度对抗赛的胜利。

在一个季度后,管理者将6名销售员打散,重新分为A、B两组,进行全新的团队对抗赛。这样的做法不但能够使上一季度中的落败方重塑信心,也有利于员工的团结。

在对战制度中,管理者可以以业绩考核、价值观考核等内容作为对战数据,不仅可以降低团队对战赛的成本,还能提高员工效率与团队业绩。

第二节　树立应有的权威

想要顺利推行奖励和处罚制度,管理者就要在团队中有一定的权威,让员工敬畏和信服。如果管理者不能摆正位置,那么在实施奖励和处罚的时候就会出现很多员工试图通过"说情"多要奖励或逃避处罚的情况,不利于提升管理效率。

一、对团队"狠"一点

很多管理者都希望和员工做朋友,进而会刻意模糊自己的领导者身份,在管理过程中,既不严格要求员工,也不敢说重话。这样的管理方式真能建设好团队吗?事实上并不会。首先,管理者和员工没有边界会降低管理者的权威,不利于指令的发布与执行;其次,管理者不严格要求员工会导致工作效率低,工作成果不佳；最后管理者不批评员工会让员工难以意识到自己的错误，形成骄傲自满的情绪。

小林刚进入公司时，是管理培训生，公司要求他们必须从电话销售开始做起，每天打120个电话，客户自己找。刚开始，每4分钟打一个电话，难坏了小林。与他一起来的很多人为了完成这120个电话，每天都不能准点下班，有些员工也因此而离职。员工虽然一直有流失，但小林发现新员工流失到只剩十人时，就不再有人离职了，而且这几个人的效率越来越高，逐渐开始可以准点下班。最后，这十个人成功通过了考核，加入到了公司的管理层。

那么这家公司给新入职的管理培训生安排这样的工作有什么意义呢？是真的想用他们增长业绩吗？其实不然。第一，如果员工想完成每天打120个电话的任务，必须勤奋，这一点很多人都做到了，他们为了完成工作，都选择加班；第二，一个电话打四分钟，就意味着员工的语言必须精练，说多了会造成加班，说少了达不到销售效果，也就是说员工必须提升工作效率，才能按时下班，达成业绩；第三，员工必须每天坚持完成120个电话的指标，而那些不够勤奋且低效的人会在这个过程中逐渐退出，这样一来就达到了公司筛选储备人才的目的。

相反，如果这个案例中的公司没有用如此严格的标准要求新员工，就可能要花费成倍的时间来筛选出真正的人才，需要付出的成本自然也是不言而喻的。一支管理松散的团队，会让人沉沦在舒适区，如果团队上下都在混日子，整个团队将毫无生气可言，更不用说有执行力了。所以，管理者要拿出魄力，严格要求员工，敢于舍弃一般的人，留下最优秀的人才为团队所用。

很多管理者不敢要求员工，怕说重话员工就离职了。事实上，员工离职不是因为管理者的严格要求，而是因为管理者做的事情，让他看不到希望和未来。如果员工能在管理者的严格要求中进步，相信有很多人愿意留下来。每个团队都会有自然筛选的过程,那些不合适的人会因为管理者的严格自行淘汰,而那些真正的人才会凝聚起来,帮助团队获得更好的发展。

商场如战场,生死存亡无定数。所以管理者需要有魄力,敢于为了团队的利益,对自己的团队"狠"一点。

二、给员工施压,推动制度执行

正所谓"没有压力就没有动力",不管在什么团队中,没有压力、没有目标、没有要求,只能逐渐消磨员工的意志,让团队上下贪图享受安逸,永远也提不起劲。这不仅是对团队不负责任,更是对员工不负责任。好的团队应该让员工有目标、有事做、有实现自我价值的感觉,而不是浑浑噩噩,浪费时间。因此,管理者要学会给员工施压,清除员工的惰性,推动制度的执行。

员工产生惰性的原因有很多种,例如,团队的规章制度不够完善,员工进度缓慢却无人监督;管理者给团队分配的工作不合理,导致有些员工精疲力竭,有些却无所事事;团队内部缺乏适当的激励措施等。管理者应当站在团队的角度综合分析,明确员工的惰性来源,适当施压。

1. 团队规章制度

没有制度监督的团队必然会产生惰性。建立一个完善的团队规则对消除员工惰性起着十分重要的作用。有些公司实行"人情管理"机制,其规章制度的制定完全凭管理者个人喜好,在团队中给了员工过高的自由度,美其名曰"人性化管理"。实际上,人性化管理是在团队制度完善的情况下给予员工关怀,而不是任由员工我行我素。作为管理者,秉持人性化管理理念是好事,但要注意不能给员工太多"舒服",在关怀的同时也要规制员工。

2. 安排要合理，目标要明确

有时员工之所以产生惰性，是因为管理者在工作分配上不合理。管理者应当根据员工的能力合理分工，充分发挥每一位员工的长处，并时常给予员工一些有挑战性的工作，适当增加压力。另外，员工目标不明确也是导致惰性的主要方面。管理者在下达命令时要规定一个期限，或者明确员工要达到一种什么样的效果，这样员工才不会觉得无所事事。

3. 及时奖励，及时惩罚

管理者可以根据工作的难易程度制定相应的奖励或惩罚机制，奖励让员工愿意努力提升业绩，惩罚让员工不敢太放松。这两种机制相互补充，可以充分激发员工工作的动力。

4. 赋予员工更多权利

如果把团队决策比作一个圆形，管理者不需要亲力亲为把圆画满，而是要给员工留出一定空隙，让员工来填补空白。如果管理者事必躬亲，会扼杀了员工的积极性，觉得不需要自己负责，员工的惰性自然而然就形成了。赋予员工更多权利，员工会有动力去填满不完整的圆，发挥出让人意想不到的能量。例如，步步高集团董事长把部分股权分给员工之后，团队创造的利润越来越多。

总而言之，唯有通过多种方式让员工知晓不能依靠别人，只能依靠自己，他们才会彻底摆脱惰性，为团队增添活力。

三、认真倾听员工的想法

做有权威的管理者并不等于做一个一言堂的"暴君"。管理者需要在团队内营造一个开放、公平、有序的氛围，员工们既遵守制度，又敢于说出自己的想法。只有做到广开言路，不偏听偏信，公正处事，才能真正得到员工们的尊敬。

如何倾听员工的想法？在倾听的时候，要注意哪些细节来保证倾听的有效性？

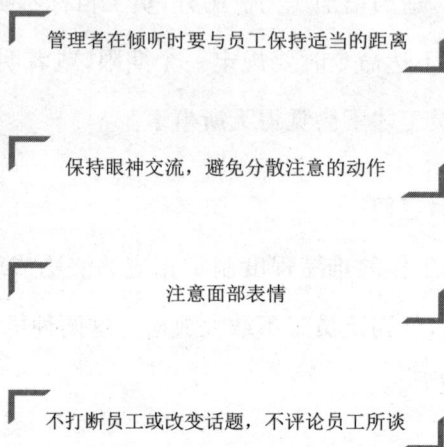

管理者在倾听时要与员工保持适当的距离

保持眼神交流，避免分散注意的动作

注意面部表情

不打断员工或改变话题，不评论员工所谈

倾听时要注意的细节

（1）管理者在倾听时要与员工保持适当的距离，保持放松的体态和姿势，以免给员工造成压迫感，放松的姿势能表现出管理者在全神贯注地倾听。

（2）保持眼神交流，避免分散注意的动作。眼神之间的交流可以让员工感受到自己所说的话被重视。但要注意，在眼神交流时，管理者不要表现出自己的呆滞和犹豫，也不要故作高深。

（3）注意面部表情。心理学家研究发现，信息的效果55％来自面部表情。因此，在倾听员工谈话时，管理者要表情自然，以微笑待人，消除员工的紧张感，使之感受到自己的友善、亲切和平易近人，从而缩短双方的心理距离，使员工愿意将心里话和盘托出。同时管理者还要关注员工的面部表情，及时引导员工把谈话继续下去。

（4）不打断员工或改变话题，也不要轻易评论员工所谈的内容。

倾听是一种沟通手段，倾听的目的是更好地理解员工，让员工表达自己的所思所想，因此在倾听时，管理者一定要注意倾听的细节，保持认真的倾听态度，让员工畅所欲言，达到与员工的有效沟通。

索尼公司总裁森田一直都与员工保持着密切的往来，他几乎每天都要与手下的员工共进晚餐，聊到深夜。

有一天，他看到一位员工面带愁容，便鼓励他把心里话说出来。这位员工起初闭口不谈，在森田的引导下终于开口："来索尼之前，我认为这是一家非常棒的公司，值得我付出全部心血，但来了之后我才发现，像我这样的低级雇员只能服务于我的上司。他就代表着索尼，但他根本什么都不懂，而我所做的一切都得通过他。我感到很失望。"

这席话让森田意识到公司里可能有许多雇员都存在这样的感受：认为自己的上司没有能力，自己又不得不服从。于是，他在公司内发行了一张周报，用广告形式把空缺的职位展示出来，鼓励员工申请并担任自己认为能够胜任的工作，给员工机会充分发挥其能力和积极性，公司内部一扫之前的低迷状态。

森田通过主动与员工交流，倾听员工的抱怨，才发现公司内部存在的问题，对于现在的管理者而言，这是一个很好的榜样。

管理者适当地创造一些条件，给员工开辟专门的发言渠道，鼓励员工把心中的想法充分地表达出来，这样能充分调动员工的积极性，及时发现问题并解决。

第三节　赏罚分明，才能秩序井然

制度的推行离不开公平的环境，只有有功必赏、有错必罚，才能让人人都敬畏制度、信服制度，按照制度的规定行事，使团队上下秩序井然。

一、严格执行奖罚制度

上海一家大型家具企业总部有 480 人，部门非常多，公司倡导的企业文化是家人文化，即把每一个员工都当作自己的家人，如果员工犯错，都是以说服教育为主，而且只要员工不申请离职，公司不会主动开除员工。

这样的家人文化养成了一些员工的不良习惯，这部分员工态度散漫，没有危机意识，工作效率低，管理人员多次进行说服教育，但没有起到什么作用，这部分员工还是我行我素。

现在，总经理觉得员工太多，工作效率低，希望能改变这种状况，提高工作效率。

首先公司要制定完善的奖惩制度，做到奖罚分明。针对员工的态度散漫、工作效率低下这些不良现象做到奖勤罚懒，而不是做多做少、做好做坏都一个样。

其次要严格执行出台的制度，设置监管部门，给员工真正的精神和物质双重激励。比如在员工大会上为优秀员工颁发荣誉证书并给予奖金等。如果没有人去监督制度的执行，制度就会形同虚设，给员工"只是嘴上说说，不会真正转变观念"的感觉。

在实施奖惩制度时，要注意以下几点：

因人而异　　适度　　公平性

实施奖惩制度的要点

1. 奖罚要因人而异

这里的因人而异不是指人情、职位等因素，而是因为不同员工的需求不同，相同的奖惩政策起到的效果也不尽相同。即便是同一位员工，在不同的时间或环境下，也会有不同的需求。所以，奖惩要因人而异。

在制定和实施奖罚制度时，首先要调查清楚每个员工的真正需求是什么。然后将这些需要整理、归类，以此为凭据来制定相应的奖惩制度。比如，有的员工希望得到更高的工资，而另一些人希望有自由的休假时间。对于工资高的员工，增加工资的吸引力可能比不上授予"A 级业务员"头衔的吸引力。

2. 奖罚适度

奖励和惩罚不适度都会影响激励效果，同时还会增加成本。奖励过重会让员工产生骄傲和满足的情绪，失去提升自己的动力；但奖励过轻又会起不到效果，使员工产生不被重视的感觉。惩罚过重会让员工感到不公，失去对公司的认同，产生怠工或破坏的情绪；惩罚过轻会让员工轻视错误的严重性，从而可能还会犯同样的错误，所以奖罚不适当不如不做。同时要明确罚的目的并不是要扣钱，而是一种应对措施。

3. 公平性

公平性是员工管理中一个非常重要的原则，员工感到的任何不公的待遇都会影响工作效率和工作情绪，影响效果。取得同等成绩的员工，一定要获得同等层次的奖励，犯同等错误的员工也应受到同等层次的处罚。

管理者在处理员工问题时，一定要保持公平的心态，虽然可能某些员工更让你喜欢，但在工作中一定要一视同仁，不能有任何不公的言语和行为。

企业的活力来源于每个员工的努力，企业制度奖罚分明能更好地调动员工的积极性、创造性,提高企业的综合竞争力和整体工作效率。

二、奖惩面前,功劳＞苦劳

在管理过程中,管理者经常能听到老员工用"没有功劳也有苦劳"为自己的错误开脱。这事实上也是一种试图用人情动摇制度的心态。员工只要付出了努力,无论工作是否完成,管理者都不能问责,这是错误的。设置奖励和惩罚的目的就是提升工作效率,获得更多产出,如果一味体恤员工的"苦劳",不问责,那么奖励和惩罚便失去了意义。这会让员工在日常工作时越来越明目张胆地以"苦劳"作为借口,影响企业的正常管理和运作。

事实证明,越是管理严格,只讲制度和功劳、不讲人情和"苦劳"的公司越有活力,工作效率也相对越高。

通用汽车公司是世界上最大的汽车公司之一,以生产众多世界品牌汽车而闻名全球。该公司规模巨大,仅雇佣员工就有几十万人。面对数量如此庞大的员工,如果没有铁的制度,严格的执行力度,管理者处处对有"苦劳"的员工网开一面,这家企业根本就没有机会成长到这种规模,也不会有这种业绩。

在通用汽车创立之初,45％的市场份额被福特汽车公司占据,福特是汽车行业不折不扣的老大。为了从福特的手中分一杯羹,通用汽车公司的高层先审视了自身,坦言:"公司组织混乱、管理无方、纪律也十分松弛,要想扩大市场份额,公司的经营管理体制就必须进行重大改革。"

尽管通用汽车公司有不少劳苦功高的老员工,但改革不能讲情面,更不能特殊照顾某一部分员工。通用汽车大刀阔斧地进行改革,提出"集中政策、分散经营"的改革思路,结合当时公司的情况,制定一套严格的纪律,并贯彻执行下去;其次,公司工作分为决策和执行两类,又制定了详细的各级部门规章制度。经过改革后，整个通用汽车公司焕然一新，分工明确，赏罚也更加分明，大大提升了公司的整体效率。

所以，管理者在推行制度时，不能过于顾及那些有"苦劳"的老员工，快刀斩乱麻才能将改革对员工的伤害降到最低。不管是谁，只要违反了制度规定，都必须进行严肃处理。在制度面前，任何纵容的行为只会破坏公平性。

除此之外，管理者还要学会授权于有才之人，把权力交予一个无能之人会引起有能之士的不满，而且也不是谁的"苦劳"大，好处就给谁。管理者在授权过程中，应遵从有能力者居之的原则，而不是依靠私人亲近度或者个人喜好选择。

三、做好惩罚的善后工作

对于员工来说，疏忽失误在所难免，关键是犯错后要引以为戒，改进工作方法。但有的时候员工被管理者处罚后，会产生反感情绪，进而意志消沉无心工作，甚至一气之下直接辞职。因此，管理者要做好惩罚的善后工作，消除员工的负面情绪，激励他们积极改正错误。

北京一家公司的一位美工在绩效改进期间，利用工作中的学习时间做兼职，刚好被总经理发现，于是这位美工被处罚了 500 元，理由是在工作时间做与工作无关的事情，他的直接上司也被罚了 500 元，理由是管理不当。这位美工不服，认为这个时间是公司给他的自由时间，他有权安排自己的工作。对于这位美工的"强词夺理"，管理者向他解释了公司的相关规定及为什么给他这部分自由时间。最后，这位美工心服口服地交上了罚款，且没有再犯。

这个案例告诉我们，即便是处罚员工也要有一定的方法。具体有哪些方法呢？（主要有以下几点）

（1）严格遵守制定好的处罚标准。处罚本就是一种会让员工产生反感情绪的手段，如果管理者在处罚员工时没有标准、过于随意，便无法让员工心服口服,必定会给今后的管理埋下隐患。

(2)分清责任额度。在团队中,责任是一整个链条,没有独立的责任,也没有偶然发生的问题,因此管理者必须分清责任的主次,再做出相应的处罚。

(3)先与员工沟通,让员工明确为什么要处罚、所要采取的措施是怎样的。

(4)有选择地原谅某些错误。处罚是手段而非目的,有些影响不大的无意犯错或初次犯错都可以被原谅,而真正需要罚的是故意犯错和重复犯错。

(5)明确处罚的动机。处罚的目的是帮助员工认识错误,而不是恶意敛财。企业可以设立内部基金,让每笔罚款都直接进入内部基金,专款专用,同时每月公开内部奖罚明细,以免落下口实。

管理者要始终明白,处罚只是手段而不是目的,最终是要通过处罚措施来推动员工改进工作、提升效率。

第七章

凝聚人心：终极目标是打造归属感

制度管人终究是用外力约束员工，而管理的终极目标是让员工遵守制度成为一种自觉的行为，让员工主动为了共同的愿景而努力。对此，管理者要学会凝聚人心，打造归属感，让公司成为员工实现梦想并主动为之努力的地方。

第一节　心在一起才能叫团队

"力出一孔，利出一孔。"如果团队每个人的劲不能往一处使，就很难获得较高的业绩，创造利益。只有团队成员心在一起，朝着同一个目标努力，才能形成合力，让团队整体获得更大的发展。

一、优秀的团队都有共同愿景

"酒桌文化"、"取消 996"等一直是职场的热门话题，这意味着公众对于企业文化越发重视，一些文化糟粕开始走进了大众视野并受到批判。所谓企业文化指的是企业在长期经营过程中形成的，并为全体员工所遵守和奉行的愿景、使命、价值观等,对企业的长远发展具有重要意义,关系到员工的工作体验和个人成长。随着人们的物质生活极大丰富,年轻的求职者开始将企业文化作为求职考虑的重要因素,特别是中高层管理人员对其更加重视。

愿景、使命、价值观是一个团队的灵魂所在。

团队的愿景是团队的未来蓝图,是团队发展的最终目的。它告诉团队"去何处"。柯林斯在《基业长青》中提及,"一个团队从优秀到卓越,最重要的标志是能提出超乎利润之上的终极追求。"这个终极追求就是愿景。华为的愿景是"丰富人们的沟通和生活",它的愿景做到了与人们的生活需求相一致,升华了团队存在的意义,是值得尊敬的。

团队的使命是为了达到愿景,团队要坚持做的事情和具体操作的方法。它告诉团队"为何去",是团队赖以生存的核心。使命决定了团队应该做什么。

小米的使命是"始终坚持做感动人心、价格厚道的好产品"。围绕着这一使命,小米从手机领域一直做到家电、文具、生活用品领域,并且每一样产品都做到了高性价比又结实耐用,为人们的生活带去非常多的便利。使命能激发团队的热情和动力,一旦缺乏使命感,团队就容易原地踏步,失去活力和生命力。

团队的价值观是团队需要遵守和倡导的行为准则,是团队做事的底线,是团队处于任何境遇都要坚守的信仰。价值观告诉团队"怎么去"。

"正直、进取、合作、创新"是腾讯多年信奉的价值观,靠着这一价值理念,腾讯不断地投入和进行科技研发,将复杂的科技理论做成简洁高效的科技产品,并在这个过程中与时俱进、不断创新,开发了无数优质的 App。"只要是用手机的中国人,就不可能没用过腾讯的 App。"

丰厚的薪水、优渥的待遇能做到的只是吸引员工,但真正留住员工的,却是愿景、使命、价值观这些精神层面的东西。优质的团队应该深刻了解文化软实力的重要性并积极建设。

二、构建独特的价值观体系

优秀的团队更加重视对企业自身价值观体系的构建。完善、独特的价值观体系可以让企业上下形成统一的行事风格，从而提升团队的凝聚力。

构建团队文化价值观有七个步骤：

1. 清晰团队发展目标及使命

要想清晰构建出一个团队的价值观体系，就要先明确该团队发展的最终目标和团队使命。最终目标和团队使命给予团队前进方向，使人能展开关于团队的发展构想。

在价值观构建前期，团队应清晰团队发展目标及使命。从团队管理模式、团队管理制度、团队管理思想、团队成功要素和团队发展面临的风险等方面进行深入思考，制定团队价值观雏形。

2. 构建简洁、实用的价值观体系

团队管理涉及多方面管理，故而团队价值观也需要多方面与之对应。但在构建价值观体系时一定要系统、简洁、实用。要做到这几点，可以从以下几个方面着手：

一是明确团队核心价值观，将重点放在团队文化独特和出色的点上；

二是在明确团队目标的基础上，团队所构建的价值观应具有可实践性，必须有助于驱动团队朝目标前进，并能引导团队有效规避风险；

三是核心价值观能有效统领价值观体系，对各个价值观体系进行指导；

四是构建价值观体系的过程中必须集思广益,保证全体员工的参与度。

3. 沟通、认知

价值观体系构建完成后,团队所需要做的就是"重复"和坚持。团队要将价值观体系传达给全体员工,保证员工的行为遵从团队价值观体系。当有新成员加入时,团队需对新成员传达价值观,保证团队上下思想统一。

在这个过程中管理者必须发挥沟通和示范的作用。管理者在行动、培训、总结报告、工作报告、讲话和沟通时都要重点对价值观进行阐释和强调,不断进行"重复",强化员工对价值观体系的认知。

4. 将价值观植入团队架构

团队架构和团队价值观相辅相成,关联密切。团队价值观影响团队构成,匹配的团队架构有利于实践团队价值观,团队各个组成部分的职责和水准应与团队价值观相符。

例如,将价值观植入团队的招聘和培训部门。在招聘时,应对应聘者进行两方面的考查,即应聘者的能力及价值观是否与团队的价值观吻合。到了培训时,可对成员进行价值观培训。此外,还可以针对团队价值观,对员工进行技能方面的培训,如在销售行业可培训员工的口才技能。

5. 双向传输价值观

价值观的传播,要从内部和外部两个方面入手。深刻内化是价值观传达的基础,没有经过深刻内化,团队员工的价值观念和行为方式不统一,团队没有凝聚力,则价值观向外传达的效果只会浮于表面。

打牢内化的基础后,再向外部传达团队价值观,可有效提升员工对团队价值观的荣誉感和自豪感,丰富团队价值观的内涵,增强团队凝聚力。

6. 评估、反思

进行了上述步骤后，团队可对价值观实践的过程和效果进行科学评估，并以此作为改进的基础。评估过程中要重点调查员工与客户对价值观的认同度，团队当前氛围、价值观是否对团队每个组成部分都起到有效指导等。

7. 反馈、螺旋式提升

评估完成后，团队要依据评估结果进行反馈。对现实状况充分分析、归类，并给予相应对象反馈。根据评估结果和员工进行充分沟通，若有问题，应提出切实可行的解决方案。

团队一定要充分地将价值观构建的过程和结果纳入已有的管理体系，使价值观充分渗入团队运行的过程中，使价值观与员工的培训、晋升、奖惩等有效对接，并定期评估、改进，使价值观构建呈现螺旋式提升。

第二节　巩固人心的关键在于沟通

很多矛盾的出现都是因为缺乏沟通，因此在凝聚人心的过程中管理者也不能忽略了沟通。开诚布公的沟通是拉近彼此距离、探听对方心意的最直接的方法，管理者要放低姿态，积极与员工沟通，让矛盾化解在"摇篮"里。

一、与员工坦诚相待

很多员工在与管理者沟通时，因惧怕管理者的身份而选择避重就轻，只说管理者爱听的，而不说自己心里真正的想法。其实，员工这样做也无可厚非，毕竟摸不清管理者的心意，万一自己太过坦诚，说的话惹得管理者不快，到时候就可能会遭遇一些不公平的对待。因此管理者要主动与员工坦诚沟通，消除员工的顾虑,让员工说话,说真话。

怎么做才能实现管理者与员工之间的坦诚相待,消除沟通障碍?

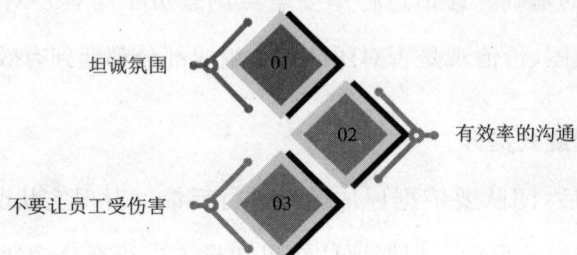

实现坦诚相待,消除沟通障碍的方法

1. 需要坦诚氛围

坦诚就是最好的沟通开场白,在沟通的整个过程中,管理者要让员工看到和感知到自己的坦诚,为良好的沟通做铺垫、打基础,营造一个坦诚的氛围,做好了这一步,员工才有可能在沟通时敞开心扉,表达出内心深处的想法,从而达到沟通的目的。

2. 需要有效率的沟通

在沟通的过程中,管理者要掌握主动权,不要绕弯子,要做到直击要害,快速理解员工的诉求,体现出自己坦诚相待的诚意,即便有一些事情不能告诉员工,管理者也可以直接告诉员工,让员工知道自己不是刻意隐瞒设防。

3. 不要让员工受伤害

交流和沟通非常讲究策略和手段,当管理者想让员工打开心扉时,除了自己要先坦诚相待外,管理者还要学会保护员工,对员工所说的话一定要保密,如果把员工所说的话散播出去,人尽皆知,不仅当事员工会失去对管理者的信任，所有的员工也不会再相信管理者。

松下电器的产品之所以一经面世，就能以物美价廉的特点受到市场消费者的热烈追捧，具有强劲的竞争力，关键在于产品技术上的创新。对于这种影响着企业发展的技术，发明者视为珍宝，守口如瓶，但松下电器的最高领导松下幸之助却一点也没有把如此关键的技术机密保留的意思。

相较于技术，松下幸之助更重视公司人才，因此他毫无保留地将技术机密公开，供企业骨干以及有培养前途的部下学习研究。当时很多人都严肃地对松下幸之助说："如果这些关键的技术被泄露出去，自家的饭碗难道不要了吗？"但松下幸之助只是满不在乎地答道："如果对自己的员工处处设防，才会损害公司的发展。"

事实证明，松下幸之助的这种做法不仅赢得了员工的信任与拥戴，还很好地激发了他们的工作积极性。增加信任、坦诚相待也是约束员工的一种方法，让员工感受到信任的重量，矛盾才能减少，才能一起把共同的事业推向成功的高峰。

防人之心不可无，这对管理者来说是天经地义，但明智的管理者会考虑员工的感受，在他们能接受的程度上，对企业的各项事务做出更合理和更人性化的安排，管理者要懂得什么时候设防，什么时候信任。

二、掌握并使用谈话技巧

在与员工沟通的过程中，管理者要注重方式方法，消除员工的疑虑，晓之以理动之以情，以听取有价值的意见。

微软公司有一种很好的沟通方式，叫开放式交流，所有员工在任何场合都能敞开心扉，完整地表达自己的观点。微软公司认为，如果大家的意见不统一,就一定要表达出来,否则公司可能会错失最有价值的信息,无法抓住机遇。

作为企业的管理者,如何做才能掌握谈话的技巧呢?

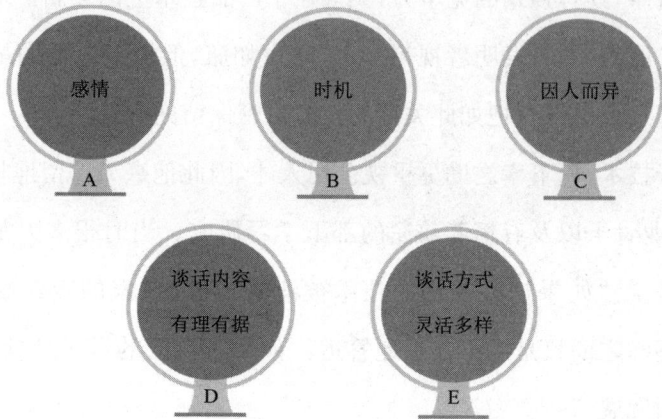

掌握谈话技巧

1. 感情

与员工谈话的重要前提是管理者要感情真挚,态度诚恳,平等待人。我们常说"动之以情",谈话也是这样,需要用尊重、关心、爱护等真诚的态度去吸引、打动员工。

感情体现在信任的态度上,管理者要尊重员工,充分信任员工,这样才能消除隔阂,减少员工紧张和戒备的心理。同时管理者还要耐心细心地倾听,时不时地给予员工反馈,表示自己一直在认真听。

2. 时机

与员工谈话的重要基础是选择恰当的谈话时机。谈早了条件不成熟,达不到预期目的;谈晚了又会失去时机,不利问题的解决,甚至给工作造成损失。比如,当员工受到批评、处分或工作变动时,可与员工进行谈话,来弱化不良影响；当员工由于责任心不强而出现工作失误时，也应及时与员工谈话，进行批评教育，帮助员工分析原因，总结经验，吸取教训。

3. 因人而异

谈话要因人而异，有较强的针对性。如何因人而异？首先要考虑对象。员工不同，其基础和需要都不同，谈话的内容、方式和语言等也有所不同，要尽可能从对方熟悉的、感兴趣的话题入手。

其次要及时消除对方的各种心理障碍。在谈话时，员工大都会有揣测、防御、恐惧、对立、懊丧和喜悦等情绪。因此在谈话过程中，管理者要注意员工当时的主要心理状态，及时消除影响谈话的因素。

4. 谈话内容有理有据

谈话内容要服从于事实，不能只讲虚理。管理者要以事实为基础，尊重客观实际，实事求是地评价员工，对人对事一分为二，既能看到问题，又能看到优点，不要"一棍子打死"，更不要"我一讲，你就得服"。谈话时要具体问题具体分析，做到"两点论"，有理有据，使员工真正服气。

5. 谈话方式灵活多样

由于谈话目的、对象不同，谈话的方式也应有所不同。具体有以下几种谈话方式。

（1）询问型交谈。管理者要掌握"问"的技巧，在问的过程中注意消除员工的焦虑，对不同的人采取不同的询问方式，比如直接问或者委婉一些。

（2）批评型交谈。可以单刀直入地批评，也可以启发式地先进行自我批评。管理者要先肯定员工的成绩，尽量引导员工认识到自己的缺点和错误，使之自觉改进。

(3)商量型交谈。管理者可用商量的口吻进行交谈,要以关心、信任的态度对待员工,允许员工解释和发表不同看法,肯定对的、指正错的,在友好的气氛中协商解决问题。

管理者与员工谈话时,一定要注意使用谈话的技巧,以免出现"沟而不通"的现象,耽误对遇到的疑难问题的解决。

第三节　解决员工之间的分歧

想要团队的人心凝聚在一起,除了要让管理者和员工形成和谐关系外,还要在员工与员工之间形成和谐关系。作为团队的"大家长",管理者肩负着解决员工分歧、优化团队关系的责任,管理者既要做团队的润滑剂也要做团队的法官,在协调矛盾的同时也要给分歧双方一个公正的判决。

一、善于协调,做团队的润滑剂

员工们在工作过程中不免出现分歧,包括分配不公、更换人员等。这时,管理者应积极协调,帮员工解决问题,将争吵与矛盾最小化。

下面是几种常见情况的协调方法。

1. 撞单

在工作中,员工之间可能会出现撞客户的情况,通俗来说就是撞单。撞单是指第一人虽然先联系了客户却没有做好相应的跟进工作,使得服务上出现缺失,该客户寻求与其他服务人员接洽,最终造成二人同时服务一个客户的情况。

针对这种情况，管理者就需要召开相应的协调会议，解决员工之间撞客户这一问题，避免因为员工之间不愉快造成团队内部不和谐的现象。下面是三种撞客户的协调技巧。

（1）在正式成单前，若是A、B两名员工发现彼此都接待了同一名客户，而该名客户认可其中一人（前提是二人没有发生恶意抢单的行为），那么就由该名员工继续跟进这名客户，给另一名员工补接其他客户。

（2）在正式成单前，A、B两名员工都按照正常接待顺序接待了客户，但是A员工跟进该名客户的时间更长、付出更多，则由A员工继续跟进该名客户。

（3）如果一名老客户给A员工带来了一名新客户，但是发现该新客户是B员工负责的客户，那么A员工应放弃对该新客户的跟进，由B员工继续跟进。

2. 分配比例

有些时候，团队成员之间会互相合作，共同负责跟进同一名客户，也有些时候，因为发生了撞单现象，两名员工在一段时间内同时接待同一名客户。这两种情况都会涉及合作开单的业绩如何分配的问题。

为了应对这一问题，团队应该量身打造一套合作开单的业绩分配技巧，否则，业绩的分配将会混乱，不公平问题也会丛生，不利于团队整体力量的凝聚。

下面是四种合作开单的业绩分配技巧。

（1）如果客户第二次来访时，不记得原接待人员，由另外一名人员接待并且成功开单，而这一过程都是按照正常的规定进行的，则可以设定两名接待人员的业绩分配为三七分，即原接待人员为30％，代接人员为70％。

（2）如果是共同到来的一群客户，比如一家亲戚，若是有两名员工同时接待、合作开单，则其业绩分配可以设定为五五分，即两名员工均为50％。

（3）如果老客户携带一名新客户来找原接待人员，但原接待人员不在，此时由负责人安排另一名员工接待，并且在当天就立即成单，则两名员工的业绩可设定为三七分，原接待人员为30％，代接人员为70％。

（4）如果出现原接待人员就要成单时，却突发临时事件而找另外一名员工帮忙的情况，则帮忙人员不算该单业绩，该单业绩仍属于原接待员工。

3. 人员更换

通常，员工一旦负责跟进一名客户，就需要对该名客户做长期跟进，如果跟进业务忽然中断，事情的处理就会变得复杂起来。

然而，跟进业务中断的情况还是存在的。跟进人员可能会因为一些原因不能继续做该名客户的跟进工作。而为了保证跟进的中断不会对客户产生影响，原跟进人员就需要协调其他人来继续跟进，并做好跟进任务的交接工作。

要协调其他人来代做跟进的时候，一定要注意两方面：一是客户，一是被委托交接的人员。

就客户方面来说，因为一直由同一人跟进，客户可能已经适应了这名跟进人员的跟进方式，所以如果由于某些特殊原因需要临时换人跟进业务，一定要及时告知客户，向其传达业务跟进人员更换的原因，以及更换人员的姓名等相关信息，让客户了解清楚，而不至于让客户处于一无所知的尴尬境地，这样甚至可能会引起客户的不满甚至拒绝合作，从而导致团队客户的丢失。

就被委托的人员来说，因为其可能也有自己正在跟进的业务，所以在找寻人员交接时，一定要说明自己不能继续跟进的原因，以及要问清楚被委托人员是否有充裕的时间同时跟进多个业务，否则可能会给被委托人员造成麻烦。

二、"各打五十大板"不是好做法

有些管理者很头疼处理员工的分歧问题，因为分析员工和归属过错通常要花很长时间，加上员工可能情绪很激动，调解起来就更加麻烦。因此，有些管理者干脆不处理，而直接采取"各打五十大板"的方式让双方员工和解。事实上，这样的处理方式是有失公允的。首先，管理者未找到发生分歧的原因，很可能错过了一个管理的漏洞，为管理留下了隐患；其次，分歧双方未必都有错，管理者不问原因就批评，会让员工寒心，质疑管理者的权威；最后"各打五十大板"更像是利用权威迫使员工承认错误，容易激起员工的逆反心理，也不利于员工真正认识错误，积累经验。

张总是某家公司的总经理，他刚就任，公司就出现了一个问题。

公司的新生产线突然停产两个小时，造成了上百万元的损失。为了以儆效尤，张总当众批评了分管生产的杨总和分管项目的马总，没有问原因，张总直接各打五十大板，要求他们各自反省。可是这一年来，类似的事故还总是发生，每次该罚款也罚了，该批评也批评了，新生产线还是一再出问题。在最近一次的事故中，杨总和马总甚至直接当着张总的面吵了起来。

杨总认为，马总建设完项目就交工了，没有给他们提供详尽指导，导致很多情况他们都不了解，总是事后才提醒。

马总认为，项目设计图纸和资料已经交付给杨总的团队了，他们自己没有认真消化资料，自己不能事事都替他们考虑到。

张总百思不得其解，杨总和马总原本都是兢兢业业，工作态度很好，可在这一年的工作中他们都是各扫门前雪，只顾自己部门，自己多番批评也没有效果。

在这个案例中,新生产线的问题迟迟没有解决其实是张总的沟通方式出了问题。在第一次事故发生时,张总并没有深究问题出现的原因,而是各打五十大板,让杨总和马总自我反省。其实如果仔细分析可以发现,虽然新生产线出问题杨总和马总都有错,但马总责任更大。马总认为,有了图纸和资料,杨总的团队就可以自己根据实际情况编制相关流程和应急预案,自己不能既要负责项目设计,还要负责生产管理。

这个观点听起来有道理,但实际上却有问题。马总就像医生,负责开药方(生产线的设计);杨总则像患者,负责使用药方(使用图纸生产)。对于患者来说,在缺乏专业知识的情况下,如果医生不对药方作出详细解释,是很容易出现使用错误的。所以新生产线出现问题,实际上是马总的工作没做到位。

而张总在处理问题时却没有深究,直接各打五十大板,等于是用自己的权威暂时压下了纠纷。但实际的问题并没有解决,所以新生产线会一直事故频发。

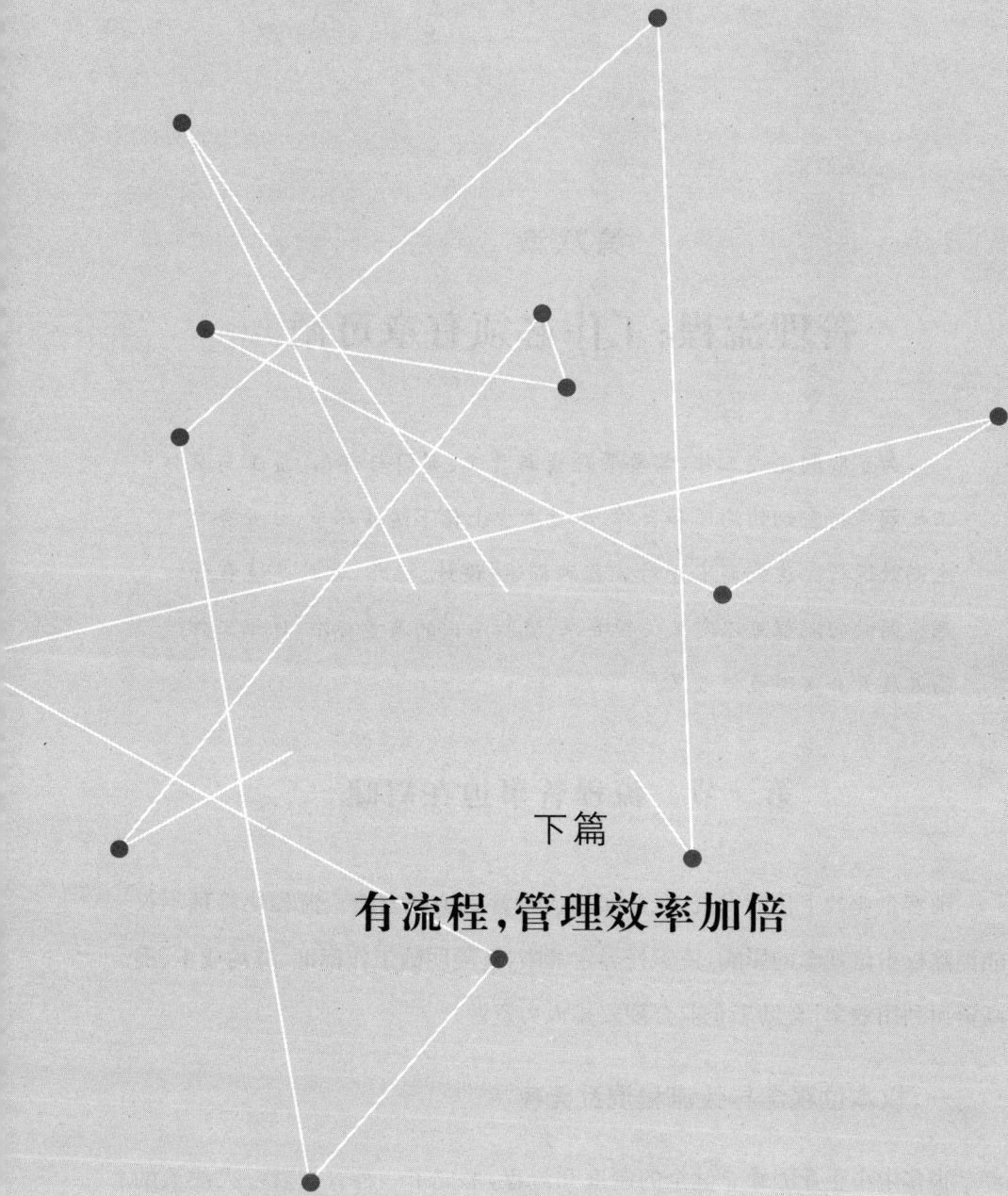

下篇

有流程，管理效率加倍

第八章

管理流程：工作必须有章可循

为了顺利完成工作，需要管理者与员工、部门与部门、员工与员工之间保持密切的沟通和合作，尽量减少上传下达的环节，让业务自主高效运行。这就离不开对流程的描述、设计、操作，也就是流程管理。高效的流程可以定义关键要求、流程输出的质量标准，保证工作高效展开并实现最佳效果。

第一节　流程管事迫在眉睫

随着企业数字化的发展，企业实施流程管事迫在眉睫。流程化管理不仅能消除权本位观念的影响，使责任界定清晰，还能明确工作标准、节约成本、提高资源利用效率，有助于企业合理安排人力资源。

一、权本位观念导致流程混乱无序

很多中小企业因缺乏健全的制度和流程，形成了一种管理者一人决策的管理模式。这种模式就是权本位观念模式，管理者可以一人对重要业务作出决策，决定企业的生死存亡，而其他员工只充当听话办事的角色。

当然，很多大企业也存在权本位观念，管理者作为承上启下的中间阶层，掌握着大部分员工的"生死权"，这就会导致企业内部等级观念盛行，缺少流程管理意识，管理人员习惯于高高在上地发号施令。

企业管理层逐渐出现官僚化倾向，为什么会出现这样的现象？一是企业没有长远的发展战略；二是企业没有建立短期和长期的激励机制。最终导致管理者在企业中拉帮结派，流程之间的紧密联系被行政关系阻断，流程结构混乱无序，致使很多部门的工作只有投入，没有创造企业价值。

那么，企业如何应对这样的现状，保证流程管事的顺利实现？有如下两种做法：

制定基于流程的绩效考核
及晋升机制

制定符合企业现状的流程，
并严格遵守

企业如何应对权本位观念

1. 制定基于流程的绩效考核及晋升机制，能者上，平者让，庸者下

员工的职位升迁、奖金分配以及考核等，都依赖于绩效考核体系。绩效考核体系是否合理、人性化，会长期影响员工的工作成效。实施绩效考核有助于员工把精力集中到真正重要的事情上来，有助于管理者合理安排工作计划，从而使得权本位观念转化为能力本位观念。

2. 制定符合企业现状的流程，并严格遵守

流程管理的最终目的是实现企业的科学运转，帮助员工正确高效工作，从而实现经济效益的最大化。实现这个目标的前提是工作流程本身科学合理，做不到这一点，再好的流程也将失去意义。这就要求管理者在制定流程时，要立足企业现状，一切从实际出发，并且严格按照制定好的流程进行管理活动，输出流程管理应有的价值。

企业只有形成高效、无误的流程管理和严格执行的理念，才能保证流程执行到位、贯彻到底，不再出现权本位观念，保障企业的高效运营。

二、责任界定模糊，下属事不关己

明确责任界定也是流程管事要解决的一大问题。企业没有具体要求某个员工负责哪个工作，本着趋利避害的心理，员工自然会倾向做简单的工作，推掉麻烦且容易出错的工作，这样便会导致一些工作无人跟进，出了问题也无人负责。

企业应该如何应对这一问题？具体有如下两个做法：

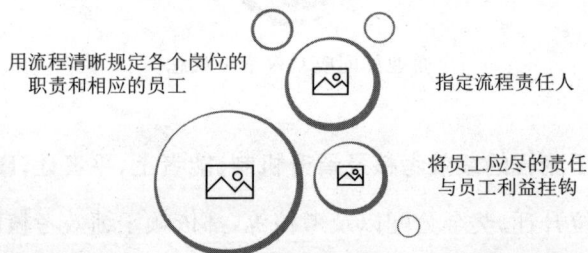

用流程清晰规定各个岗位的
职责和相应的员工

指定流程责任人

将员工应尽的责任
与员工利益挂钩

企业如何应对责任界定模糊，员工事不关己这一问题

1. 用流程清晰规定各个岗位的职责和相应的员工

员工是企业竞争制胜的关键，但如何发挥员工的作用是一个难题。在企业实施流程化管理后，这个问题能得到很好地解决。企业的流程管理会将企

业的主要工作进行具体划分，将工作流程用流程图表展示出来，详细描述各个岗位的工作职责，然后将每一份职责落实到每个员工身上。

在流程规范下，每个员工都能清楚自己的职责，工作变得简单化。这样不仅有效率，而且能将责任界定清楚，降低企业的运营成本。

2. 指定流程责任人

企业流程管理需要有明确的负责人，负责流程的建立、优化、解释等工作。企业的成功运作需要很多流程、制度、指导书来支撑，仅仅由部分员工来负责流程管理是不可行的。

在企业流程管理部门的统一组织下，应该由业务各部门挑选员工承担某个具体流程的建立、优化、解释工作。这样在企业中，如果某个员工在工作时遇到流程疑问，就会有一个专门的人来解释和辅导。

这样做不仅可以将整个流程的管理责任落实下去，还能将员工的责任明确到人，明确界定员工的责任。

3. 将员工应尽的责任与员工利益挂钩

在企业的流程管理中，工作分配得不明不白，导致无法界定责任，是最常见的问题。在分配工作任务时，管理者没有阐明目标和分解任务，没有明确展示想要的结果、标准、责任等，分配的工作任务不明确，责任自然无人承担。

明确界定了每个员工的责任，员工按照流程去执行工作任务，就能很好地完全各项工作，收到事半功倍的效果。

三、流程无标准，ERP 技术受到限制

ERP 是 Enterprise Resource Planning（企业资源计划）的简称。ERP 是

一个针对物资资源管理（物流）、人力资源管理（人流）、财务资源管理（财流）、信息资源管理（信息流）集成一体化的企业管理软件，具体内容如下：

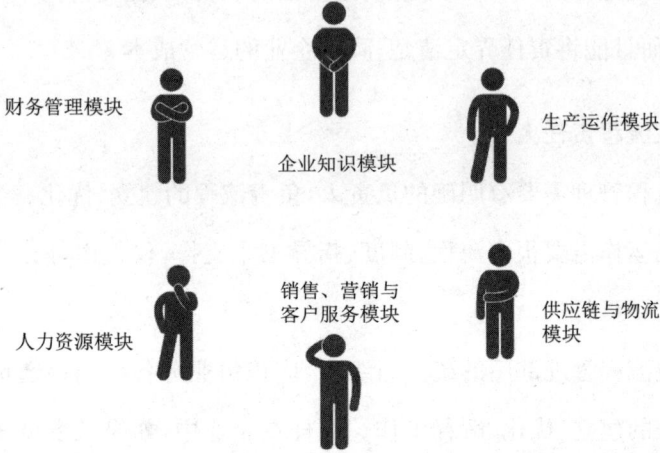

财务管理模块

企业知识模块

生产运作模块

人力资源模块

销售、营销与
客户服务模块

供应链与物流
模块

ERP 技术的内容

流程标准化是企业管理思想的不断创新，而 ERP 技术是信息时代的一个管理工具。现在大部分 ERP 技术都以流程驱动，即根据业务流程来设计、开发、实施、操作 ERP。

假设 ERP 技术是一辆按照某种思路设计出来的符合特定要求的"车"，该"车"需要每日在最短的时间内，在安全的情况下固定往返于某地，如何设计"最佳路程"、保证"最佳路况"，就需要流程标准化来实现。

流程标准化的战略管理思想是企业构造新的运行模式的基础，而新的运行模式又要借助于 ERP 系统来实现，两者缺一不可。要实现 ERP 技术，必须从流程开始，而流程标准化是否彻底完成，将直接关系到 ERP 的实现。也就是说，企业流程标准不全，将会使 ERP 技术的应用受挫。

企业的操作流程太多，不可能面面俱到。因此，要想实现 ERP 技术，需要不断完善如下几个重点流程的标准。

重点流程

1. 销售循环流程

包括客户审核、信用复核、销售接单、发货等环节。环节太多，也不好操作。在进行这一流程的管理时，企业要抓住关键环节的关键点。比如销售接单时，接单与审核由不同的人完成。

2. 相关计划的操作流程

一般来说，如果计划不符合实际，企业需要先更改计划，而不是在后续的单据中进行更改。

3. 采购循环流程

这个流程的重点是采购单流程与采购收货流程。比如企业是否允许无单采购？如果不，那么核查人员可以在 ERP 系统中导出没有原始单据的采购订单，然后进行追踪分析。

4. 付款流程

在企业中付款是一项关键流程。在 ERP 系统中，这项流程主要是核对相关单据的内容。

5. 特殊流程

一些企业可能有一些特殊的工作,比如预收款业务或者预付款业务,这些业务往往具有比较特殊的流程。

第二节　流程管事的三种必备工具

本节介绍三种常见的流程管事的工具,分别是战略—绩效—执行体系、ABC 分类法以及 EBPM 流程治理信息化平台。

一、战略—绩效—执行体系

战略—绩效—执行体系是一套以企业战略为导向的绩效管理系统。它包含三个方面的内容:一是明确公司战略;二是建立绩效管理系统,落实责任机制;三是组织协同,包括上下级的纵向协同以各部门间的横向协同。

建立战略绩效体系需要如下八个步骤:

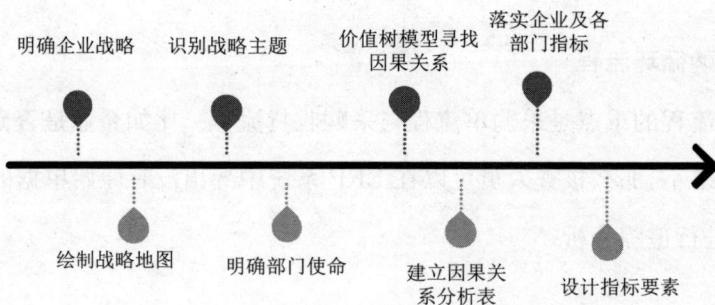

明确企业战略　　识别战略主题　　价值树模型寻找因果关系　　落实企业及各部门指标

绘制战略地图　　明确部门使命　　建立因果关系分析表　　设计指标要素

建立战略绩效体系的八个步骤

1. 明确企业战略

企业建立战略绩效体系的第一步是进行战略梳理,明确企业战略的主要工作。主要包括企业使命、愿景、价值观和战略总目标。企业战略具有相对稳定性,而业务战略需要随着市场的变化及时调整,职能战略要为实现企业战略与业务战略提供具体措施。

2. 绘制战略地图

明确企业的战略目标后,第二步是将企业战略所包含的假设转化为具体的因果关系,通过因果关系绘制战略地图。

它将平衡计分卡四个层面集中在一起,用价值树模型的分解方法描述企业战略以及达成战略的路径,将企业的战略目标按照从上到下的顺序层层剖析:分为财务、客户、内部运营、学习成长四个维度。

财务:阐明企业经营行为所产生的可衡量的财务结果。

客户:企业期望获得的客户和细分市场,如何满足内、外部客户的需求。

内部运营:为吸引并留住目标市场的客户,并满足股东的财务回报率期望,企业必须有擅长的核心经营流程,并符合企业的价值观导向。

学习成长:为获取突破性的业绩与成功,企业与员工需要具备什么样的能力与创新精神。

3. 识别战略主题

使用职责分析法(FAST 法)识别与分解战略主题,遵循企业价值链与辅助价值链,从企业各部门中寻找能够驱动战略主题与目标的关键因素。

企业核心价值链包括市场营销、产品开发、采购供应、生产经营、客户服务等,辅助价值链包括人力资源、IT、财务、法律、行政、后勤、企业文化等。

4. 明确部门使命

部门使命的重点是描述部门的价值、意义、定位与作用，部门使命支撑企业战略，必须紧密围绕企业目标。这一过程需要各部门主管反复研讨，因此部门使命必须能高度概括部门的工作内容、职责与目标。

明确部门使命的同时，我们还需要优化企业价值链流程，梳理组织架构。

5. 价值树模型寻找因果关系

价值树模型是找出流程与战略主题之间的因果关系的最合适的工具。我们利用价值树模型能找出目标之间对应的逻辑关系，同时我们要分别列出企业战略地图中的衡量性目标，对应的关键绩效指标及这些指标的关键驱动流程、关键流程绩效指标等。

6. 建立因果关系分析表

通过价值树模型建立因果关系后，我们可以将整理出来的指标放入平衡计分卡中，用指标描述企业的战略地图，根据《价值树模型图》中的滞后/驱动性指标的对应关系，我们要在《因果关系分析表》中填写这些相对应的滞后/驱动性指标。

7. 落实企业及各部门指标

滞后性指标用于企业层面的考核，以年度考核为主；驱动性指标用于部门层面的考核，以月度、季度或半年度考核为主。

8. 设计指标要素

指标要素涉及岗位绩效考核表，又称为 KPI 协议书、岗位目标责任书、岗位合约、绩效合约等，具体名称可根据企业需要而定。考核指标包括：指标编号、名称、定义、计算公式、目标值、设定目的、责任人、数据来源、考核周期、权重分配及计分方法等。

企业战略的实现需要企业绩效管理系统作支撑。企业的绩效管理水平越高，战略目标实现的可能性就越大。如何实现战略与绩效管理系统的有效对接，就需要战略—绩效体系模型。

二、ABC 分类法

ABC 分类法（Activity Based Classification），全称为 ABC 分类库存控制法，也有人称其为"80 对 20"规则，是一种广泛应用于库存管理、质量管理、成本管理和营销管理等环节的管理方法。

ABC 分类法根据事物在技术、经济方面的主要特征，对事物进行分类排列，从而进行区别对待、区别管理。ABC 法强调要分清主次，将管理对象划分为 A、B、C 三类。学习和掌握 ABC 分类法利于企业管理者的管理工作。

ABC 分类法的分析图中有两个纵坐标、一个横坐标，几个长方形和一条曲线，其中左边的纵坐标表示频数，右边的纵坐标表示频率，都以百分数表示。横坐标表示影响质量的各项因素，按影响大小从左向右排列，曲线表示各种影响因素大小的累计百分数。

企业管理者如何进行 ABC 分类？处理对象分为两类，一类是可量化的，一类是不可量化的。

可量化的部分分类相对容易得多。我们以库存管理为例来说明如何进行分类。

第一步是计算每一种材料的金额；第二步按照金额由大到小排序并列成表格；第三步是计算每一种材料金额占库存总金额的比率；第四步是计算累计

比率;第五步是分类。

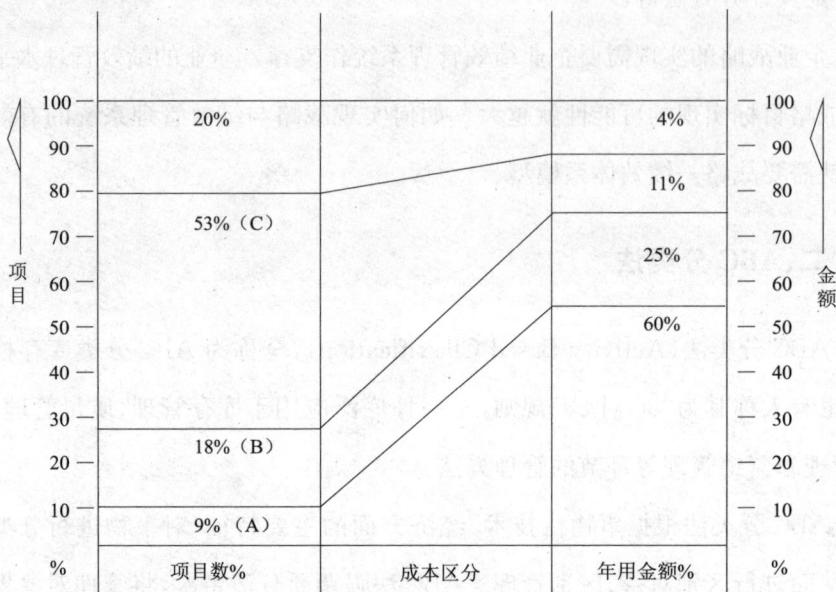

ABC 分类法的分析图

企业管理者如何使用 ABC 分类法进行流程管理?

1. 开展分析

这一步是在"区别主次"。首先要做的是收集数据。确定带来某一流程管理问题的因素,收集相应的数据。

其次是计算整理。对收集的数据进行加工,并按要求计算,包括特征数值、特征数值占总计特征数值的百分数、累计百分数等。

接着是根据分类标准,进行 ABC 分类,列出 ABC 分析表。分类标准并没有严格规定,通常使用的标准分为三级,与之相对应的因素也分为三类:

A 类因素是主要影响因素，累计发生频率：0%～70%。

B 类因素是次要影响因素，累计发生频率：70%～90%。

C 类因素是一般影响因素，累计发生频率：90%～100%。

最后是绘制 ABC 分析图。累计因素百分数为横坐标，累计主要特征值百分数为纵坐标，按照 ABC 分析表所列的对应关系，在坐标图上取点，并连接起来形成曲线，绘制成 ABC 分析图。

2. 实施对策

分析结束后，企业管理者就要针对分析结果找到对策并实施，这是"分类管理"的过程。根据 ABC 分类的结果，在管理力量和经济允许的情况下，制定 ABC 分类管理标准表，对三类对象进行区别管理。

三、EBPM 流程治理信息化平台

很多企业在设计流程时，经常会遇到部门与部门之间难以协同的问题。而 EBPM 的协作环境和流程治理可以将所有的利益相关者联系在一起，释放流程改造的巨大潜力。

EBPM＝流程改造＋流程自动化＋流程智能

流程改造是一种基于项目的业务流程分析和优化方法。它与优化目标相融合，比如成本、时间和质量等。流程改造奠定了企业建立 BPM 的基础。

通过流程改造，企业的管理者能做什么？

流程改造解决方案用于协调管理、分析和改进业务流程，以实现更高的效率和灵活性，同时可以提高业务运营的透明度，确保与业务战略的一致性，通过优化流程，缩短设计周期，能降低成本。

了解业务环境　　　　　　确定战略和关键目标

分析关键的成功因素　　　　确定改进机会

发展优化概念和流程　　　　实施BPM治理模式

流程改造能做什么

流程自动化使用一致的综合关键绩效指标将企业的战略、运营、人员和应用程序与企业目标相融合,从而量化目标、模拟流程、评估绩效,企业能建立高效、可视和灵活的流程,提高竞争力。

流程自动化能帮助企业管理者做什么？实施 SOA,重新使用现有 IT 资产,并进行管理和治理,使 IT 资产与业务流程保持一致;建立一致的数据基础;完善流程模型和业务逻辑;为流程参与者提供用户界面;根据流程 KPI 创建规则和预警。

流程自动化解决方案使得 IT 系统能在流程优化计划中提供相应的支持。企业通过协调和直观化工作流程,建立高效、灵活和透明的业务流程,开发新的以流程为中心的应用程序,最终为基本流程变更提供事实基础。

流程智能可以监测和分析数据及复杂事件。通过使用第一测量方法,流程智能为 EBPM 提供开始,在启动流程改造或流程自动化项目前评估执行的流程。

在 EBPM 的生命周期中,流程智能具有以下几个关键阶段:

1.支持设计阶段。用于发现、分析和衡量现有流程,以确定最佳设计。

2.在流程的执行过程中,提供主动服务,了解流程实际是如何运行的。

3.支持优化本身。通过对初步设计和实施的流程的分析，确定流程是否按预期执行，并找到没有按预期执行的原因。

通过流程智能，企业管理者能做什么？

A 业务透明　　　　　　　　B 实时应对突发事件

C 实时测量和分析性能　　　D 了解过程

E 识别和管理优化　　　　　F 确定和推出最佳做法

H 建立和共享仪表板　　　　G 为战略反馈提供管理

流程智能可以做什么

EBPM 是在 BPM 基础上的流程优化，在这一过程中，企业管理者要注意不要完全脱离企业的 BPM 的相关内容。

第三节　设计关键节点，避免重复劳动

设置流程的目的是提高效率，所以管理者要学会设计关键节点，精简流程，以免无用的流程太多，反而拖慢了工作的完成。

一、以图文形式展示关键节点

在日常工作过程中，通常需要不同部门合作完成一项工作。因此，为了保证各部门、各项目负责人之间高效协同，流程设计的关键节点需要一目了然，管理者可以采用图文并茂的方式来展示，既醒目又好理解。故事墙就是一种展示关键节点的工具，它通常分为计划、开发、测试、完成四部分，通常被互联网公司的产品研发部门广泛使用。

产品的每项需求以卡片形式进行展示，卡片的位置越高代表该需求的优先级越高。通过对产品的需求进行梳理，整个项目的研发进度也变得一目了然。需求卡片通常分为三种，并使用不同颜色进行区分。需求卡片主要包括需求内容和执行进度：

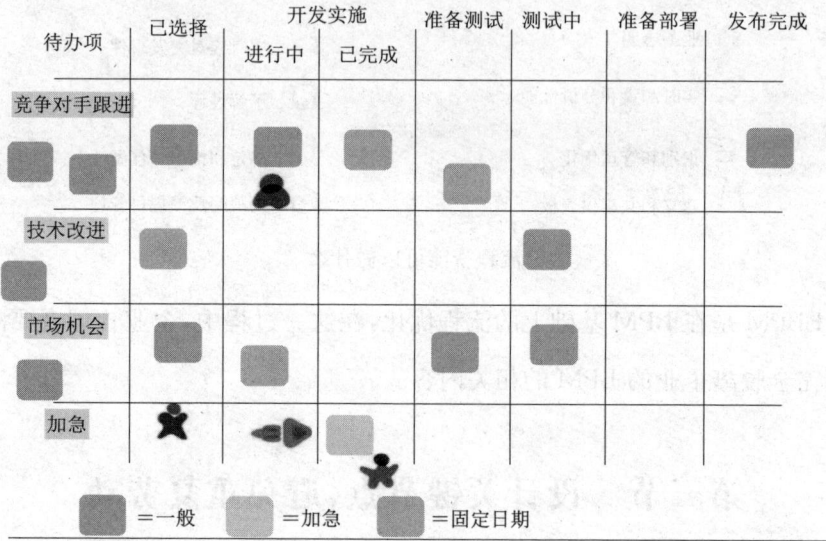

故事墙示意图

除了开发进度这种一目了然的信息外，企业也可以通过故事墙了解一些隐性信息。例如，如果计划区的卡片较少，则说明产品的需求数量和更新速度出现了问题，需要由产品策划部门进行补充；当某项需求长期未被解决，则说明出现了技术瓶颈，需要与相关部门进行沟通，明确是需要加大资源投入还是暂时放弃该需求。

二、明确流程的执行等级

管理者可以使用 ABC 优先法来明确流程执行的等级。首先管理者需要将工作分为 A、B、C 三个等级，如下图所示，然后根据等级来确定工作的先后顺序。分清工作的轻重缓急，可以保证在执行流程时，重要的工作优先完成，从而帮助员工更好地利用时间。

ABC优先法则

管理者在使用 ABC 优先法则的时候，可以从以下三个步骤进行。

第一步：把工作的类型划分出来

（1）A 类工作

通常情况下，A 类工作是对公司的效益、工作目标的达成产生重要影响的工作，是员工必须完成的工作。例如，设计和研发产品、约见公司客户、市场调研等。

A 类工作是需要立刻进行的工作，这类工作不能让员工拖延一点时间。而且在完成 A 类工作之后，一般会有非常明显的效果。对于这类工作来说，其关键就是让员工及时行动起来，抓紧时间完成。

（2）B 类工作

通常情况下，A 类工作是中等价值的工作，也是员工应该立刻完成的工作。这个类别中的工作有利于提高员工和公司的业绩，但是并不能起到关键作用。

B 类工作也是马上就要进行的工作，但并不会像 A 类工作那样紧急，可以稍微给员工一些缓冲的时间，但不能太长。如果给了缓冲时间，员工还是没有完成的话，那就应该将其提升到 A 类工作当中。

（3）C 类工作

与工作目标的完成不太相关的工作，就可以看作是次重要的，应该将其分到 C 类工作当中。通常情况下，C 类是价值较低的工作，即使员工没能完成也不会对公司造成严重的影响。对于这一类别的工作来说，在有冲突时，应该让员工先完成其他类别的工作后再来处理。有些可以无限期延长的工作，也应该放在这个类别当中。

第二步：适当增加类别

如果管理者觉得 ABC 这三个类别不能涵盖所有工作的话，还可以适当增加类别，也就是 D 类工作。

D 类工作多指的是额外的工作，而且这类工作是没有时间限制的。如果员工把这类工作做完固然是好的，但做不完也没有什么关系。管理者和员工可以认为这类工作是不存在的，因为它们不会对公司造成任何不好的影响。

但是做这些 D 类工作也可能会得到意料之外的收获。比如让员工去为自己买一杯咖啡，在这个过程中，员工可能结识了一个新朋友并成为公司的客户。

第三步：将分类细化

在工作比较多的时候，工作分为 A、B、C 三个级别是远远不够的，并且容易混乱。为了解决这一个问题，我们可以将 A、B、C 级再细分化，比如把 C 级分为 C1、C2、C3 等，而按照顺序，C1 比 C2 重要，以此类推，事情变得井然有序。

举个例子来说，比如员工今天要完成八个任务，其中有三项属于 B 类事务，三项 B 类事务根据其重要程度可以分为 B1、B2、B3 三个级别，员工需要首先完成重要的任务。倘若 A、C 两个级别中也有几项不同的事务，也可以根据它们的重要程度划分。

ABC 优先法可以让我们理清思路，剔除个人对每项事务的喜恶，确保流程的客观高效，大大提高员工的工作效率。

三、减少交接，让工作更完整

企业效率的损耗，往往是上下级之间、团队之间、同事之间信息沟通不到位导致的，这就是漏斗沟通。如果一个人心里对于信息的设想是 100%，那么当其把信息传递给下一个人时，往往只能说出来 80%，而对方因为个人背景、思维方式等因素的不同，只能接收到 60% 的信息，能被消化理解的大概只有40%。而根据一般遗忘曲线，这些被消化理解的内容还会随着时间的流逝逐渐被忘记。

因此，要想避免这种在沟通过程中丢失重要信息的问题，管理者可以减少工作过程中的交接行为，将人对人的传达，变成事对事的传达，即当上一件工作达到标准后，自动进入下一流程，保证信息在传递的过程中不会发生损耗。

上海某家企业的销售经理刘婷的上级领导每月都让她提供预测表，预测表中需要填写每个项目所处的状态、成单概率、成单月份。当时刘婷很不理解上级领导的用意，感觉很麻烦。

刘婷感到麻烦是因为预测表要填大量的统计方面的内容，她并不清楚填这些内容的作用是什么。现在回过头想想，刘婷发现自己当时其实并没有深入了解过预测表中的内容和逻辑。

预测表将一个项目分为了多个阶段，这其实是销售的流程管理，由于刘婷不明白其中深意，执行效果因此被打了折扣。

对于客户采购行为所处的不同阶段,销售人员要做的工作内容也不一样,需要积极配合客户从上一阶段向下一阶段推进。在这一基础上,预测表就是一个初级的销售项目管理表,将销售过程划分为"用户上报""上报批准""采购洽谈""合同签订"这四个阶段,从而进行销售流程管理。

虽然预测表只是销售项目管理的初级状态,但是已足够可以帮助销售人员和销售经理来对销售工作进行管理,还可以帮助分析有多少项目,每个项目又处于哪一个阶段,针对不同的阶段提出怎么做才能推动项目往前走。从这个意义上来讲,预测表对销售业务的发展很有帮助。

流程就是一系列系统化的行动,也可以认为它是为了达到某一目的而采取的一系列明确的、可重复的措施。如果能按照这些措施行动,就能够最大程度达到预期结果。在上述案例中,虽然填写预测表耽误了销售经理不少时间,但预测表将需要传达的所有信息都明确标注出来,避免了信息传达过程中的损耗问题,实际上帮助团队统一了沟通的语言,让工作更有效率。

第九章

人力资源管理流程：以员工为核心

人力资源管理要做到人尽其才、人事相宜，最大限度发挥人才的积极作用。因此人力资源管理流程的设置要以员工为核心，充分考虑员工的诉求，优化工作环境，实现人力资源的合理配置。

第一节　人事管理流程设计

人事管理指的是对员工进行选拔、使用、培养、考核等一系列管理活动，目的是通过科学的方法，正确管人、用人，调整人与人、人与事、人与组织的关系，充分利用人力资源。设计好人事管理流程可以更好地规范员工从入职到成熟的一系列路径，帮助公司最快找到合适的人才，帮助员工更快地成长。

一、招聘流程：线上线下并举

人事管理的第一步就是招聘，它是帮助企业发展扩张人才的基础工作。一般招聘分为外部招聘和内部招聘，内部招聘指的是公司内部员工自荐或推荐他人到公司工作；而外部招聘指的是从招聘会、招聘网站等公共渠道招聘人才,随着互联网的飞速发展,线上招聘已成为企业招聘的重要渠道。

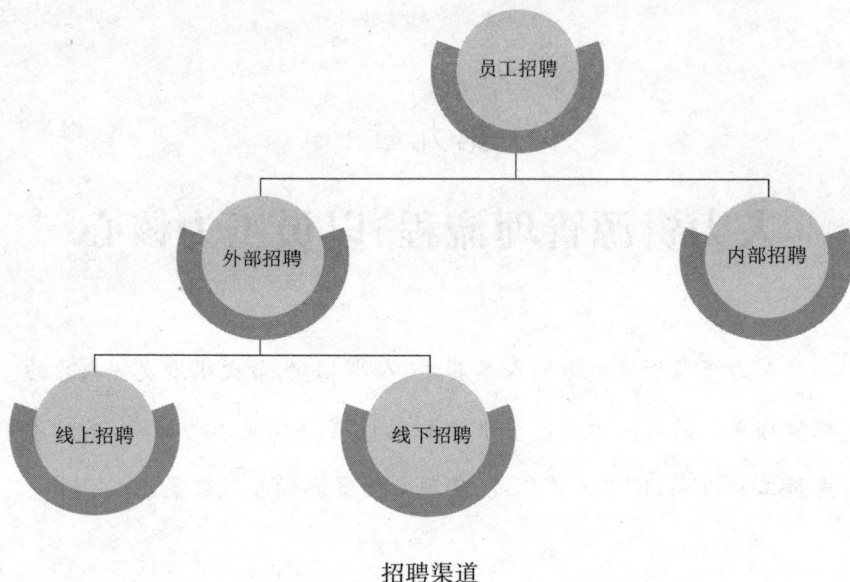

招聘渠道

线上招聘方式分为三大类,如下图所示。

线上招聘

1. 招聘网站

企业人事部可以根据地域、行业、职位等条件,选择不同的招聘网站发布职位信息。

传统招聘网站:智联招聘、前程无忧等,可在全国范围内进行综合性人才招聘。

地方人才网站：各地人才交流中心搭建的平台。

垂直招聘网站：拉勾网、Boss 直聘等，专注某一领域或某一职位序列的招聘。

行业招聘网站：中国卫生人才网、中国汽车人才网等。企业人事部可以根据所属行业，选择对应的专业网站，进行专业人才招聘。

毕业生招聘网：大街网、应届生求职网等，可用于校招的补充。

2. 社区招聘

一些专业人才会经常活跃在专业社区。例如，找软件工程师可以到开源中国、JAVA 以及 PHP 社区等，找设计师可以到站酷，找文案可以到豆瓣。

3. 社交媒体

职场社交 App：领英、脉脉等。

综合社交 App：微博、微信等。

各类社群：QQ 群、微信群、各类群等，都可以作为信息发布以及简历收集地。

线下招聘的方式包括招聘会、人才市场和校招会三种，这是传统企业常用的招聘方式。

招聘会一般由政府所辖人才机构及高校就业中心举办，比较正规，有行业专场和综合招聘会两种。

人才市场与招聘会类似，招聘会是短期集中式，人才市场是长期固定式。比较适合需要长期招人补充岗位的企业。

高校招聘的计划性与针对性较强，招聘的数量和专业一般根据企业自身人力资源规划确定。

相对线上招聘而言，线下招聘耗时较长，人工成本较大，地域局限性较强。

为了更好地为企业找到优质人才，管理者要综合运用这些招聘方式，内外部招聘相结合，线上线下双管齐下。

二、培训流程:按照步骤做培训

新员工在入职之后，往往要经历一段适应期，而企业需要利用培训来帮助员工缩短适应期，让他们能更快地投入到工作中。对于员工来说，每个人的成长环境、性格特点、擅长领域等都不同，因此不能"一刀切"地采用同一种方式培训，企业最好能因材施教，在培训之前对员工进行深入调查，以了解员工的特点，分门别类进行培训。

那么，如何实现因才培训?

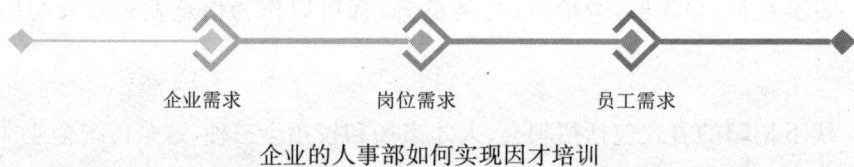

| 企业需求 | 岗位需求 | 员工需求 |

企业的人事部如何实现因才培训

(1)先分析企业需求与岗位需求，然后再具体分析员工需求，以免培训脱离实际需求。

(2)建立以绩效考核为基础的培训淘汰机制。员工培训淘汰机制能充分发挥培训的作用，监督员工更好地参加培训。

(3)不仅要有竞争淘汰机制，筛选出不适合企业成长和发展需要的员工，还要有正向的牵引机制和激励机制，推动员工不断提升自己的能力和业绩。

（4）严格按照职位说明书上的要求，间接由各部门主管为每个职位编制培训考核量表，通过绩效评价对企业内部员工的培训进行评审，为淘汰企业内部的不合格员工提供保证。

（5）建立规范的、制度化的考核反馈制度，以保证考核的公正，并为员工自我管理和培训提供良好的保障依据；企业人事部还需要适当简化、调整考核程序，使得淘汰机制与企业培训高度匹配，以免导致考核难以发挥效果，复杂的程序影响培训的效率。

（6）在使用绩效考核进行培训淘汰时，不要赋予培训淘汰机制太多的目的和含义，否则会导致企业培训的核心项目模糊，也不要因为考核忽视员工的参与，使淘汰考核单纯成为考核，阻碍了淘汰机制对员工能力发挥的正向影响。

在进行培训评估时，企业人事部要牢记培训的最终目的是提升员工能力，实现业绩增长，不要找错重点，将培训变成形式主义。

三、薪酬体系设计流程：坚持公平原则

员工薪酬包括固定工资、绩效工资、企业分红、工龄工资、补贴补助、奖金等几部分。合理的薪酬设计是企业留住员工的关键，只有坚持公平原则，让员工的努力都能得到回报，企业才能吸纳并留住更多高质量人才。

1. 固定工资

合理的固定工资既能留住员工，也是岗位任职资格价值的体现。对于那些基层岗位来说，固定工资几乎占据了薪酬结构的全部。通常情况下，企

业的每个岗位都会有基本的工作量,只要员工顺利完成就可以拿到固定工资。

2. 绩效工资

不同员工的能力和态度存在差异,为了让那些业绩超过基本工作量的员工能够继续保持热情,用绩效工资对其进行奖励就是一个十分有效的办法。例如,某公司的文案每月完成两篇 8 000 字左右的文章即可获得 6 000 元的绩效工资,如果写得更多,还会给予额外的奖励。

3. 企业分红

企业分红是指到了年末,企业会将盈利的一部分拿出来与员工共享,以此来将员工和企业联系成一个整体,同时也让员工的努力程度和所作贡献与自己的收益紧密相关,这不仅有利于调动员工的积极性,还有利于促使员工更加努力地工作。

4. 工龄工资

工龄工资是企业根据员工的工作年限为其提供的经济奖励,设计的主要目的是提高员工的积极性,减少员工的流动性。大多数企业对于社会工龄的经济补偿标准较低,对于企业工龄的补偿标准相对较高。在这种情况下,员工的离职情况就可以得到有效减少,与此同时,也会有更多的员工自愿成为企业的老员工。

5. 补贴补助

在设计薪酬结构的时候,有些企业还会把补贴补助加入进去,而补贴补助的形式非常多样，最常见的主要包括住房补贴、交通补贴、用餐补贴和通信补贴等。

6. 奖金

薪酬还包括奖金，奖金是支付给员工的增收部分的劳动报酬，如生产奖、竞赛奖等。

四、员工离职流程：掌握三大要点

员工离职不是一件说走就走的事，企业要设计好离职的流程，与员工好聚好散。如果企业在员工离职的问题上处理不当，不仅会造成人事纠纷，还会导致工作中断，无人接替。

完整的离职手续应该包含哪些内容？

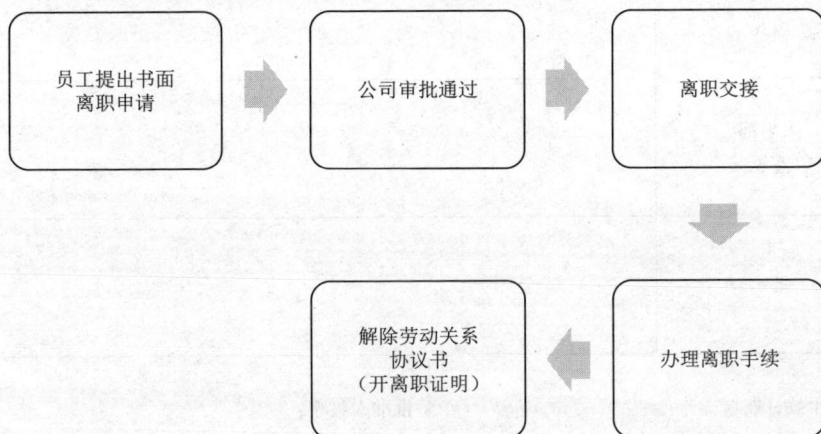

```
┌──────────┐      ┌──────────┐      ┌──────────┐
│ 员工提出书面 │ ⇒  │ 公司审批通过 │ ⇒  │  离职交接  │
│ 离职申请   │      │          │      │          │
└──────────┘      └──────────┘      └──────────┘
                                          ⇓
┌──────────┐      ┌──────────┐
│ 解除劳动关系 │ ⇐  │ 办理离职手续 │
│ 协议书     │      │          │
│（开离职证明）│      │          │
└──────────┘      └──────────┘
```

员工离职手续

在员工办理离职手续时，需要填写以下几个表单。

1.《离职申请报告》

由员工本人提出书面申请,递交《离职申请报告》,如果公司同意,可以直接在报告上批复,填写具体的离职日期。

员工离职申请书

姓名		工号	
部门		岗位名称	
到职日期		预定离职日期	
离职后职业			
事由			
部门 意见			
人事部 意见			
批示			
离职生效日期:		批准人签字:	
总经理签字:		备注:	

2.《离职交接单》

《离职交接单》由员工本人准备，详细记录有哪些工作和资料要交接给别人，离职员工与交接人都要签字，还要有见证人签字确认，如下表所示。

员工离职工作交接表（部门内部使用）

姓名		部门		职务		工作起止日期	
工作交接内容							
办公用品	电脑（设备交回，账号密码清除）					经办人签字：	
	U盘						
	其他						
相关文件							
正在办理工作							
将要处理工作							
部门核准	接管人				监交人		

3.《离职审批单》

如果离职员工的离职手续涉及多个部门，可以填写《离职审批单》，如下表所示。

员工离职审批			
责任部门	负责人	办理内容	责任人确定
本部门	部门经理	部门经理已知晓员工今天开始办理离职手续	
仓库管理部	统计员	□退防静电腕带　□退镊子　□归还借条	
		□遗失损坏扣款：　元　□材料报废金额：　元	
财务部	财务经理	清算各类费用	
后勤管理部	后勤文员	□退衣鞋柜钥匙　□退宿　□退拖鞋	
	宿舍管理员	宿舍管理员签字确认	
人力资源部	档案专员	□无扣款　□各项手续齐全	
	人资经理	人力资源部经理确认此员工离职手续办理完毕	

4.《解除劳动合同协议书》或《离职证明》

《解除劳动合同协议书》用于办理社保停保用,《离职证明》用于员工寻找下一份工作。其中《解除劳动合同协议书》一式三份,员工一份、公司一份、社保局一份,需要员工签字确认。

除了工作交接和办理相关手续,离职面谈也是离职过程中重要的一步。管理者在面谈前应准备与员工相关的资料,包括员工的个人资料、绩效、培训记录等。在面谈时,面谈人与员工是平等的关系,尽量站在对方的立场上考虑问题,将面谈重点记录下来,用于之后的离职归因分析。离职面谈是确保员工离职后不给公司带来负面影响的重要措施,因此,企业一定要重视。

第二节　行政管理流程设计

行政管理指的是企业内部的行政事务管理工作,包括考勤、会议、档案等管理工作。采用科学的行政管理方法，可以让琐碎的行政管理工作也能像工业生产流水作业一样，有计划有步骤地进行。

一、考勤流程：签到＋外出＋请假

考勤是维护企业工作秩序的重要武器，它可以保证员工准时到岗履行职责，也可以规范请假以及加班的安排，既可以提高工作效率，营造良好的工作氛围，又可以保护员工的权益。

企业如何做好员工考勤管理？重点就是优化签到、外出与请假的相关流程。

1. 建立科学的考勤管理制度

企业想要做好员工考勤管理，首先就必须制定严格明确的考勤制度，为考勤管理提供依据，提高企业的管理效率，有效实现企业的规范化管理。

2. 使用现代化的考勤管理工具

企业中总有一部分员工由于工作需要，其工作时间和地点不固定，所以对他们的考勤管理无从下手，经常会出现因私外出、缺勤的现象。使用现代化的考勤工具能大幅减少这一现象。

比如使用企微云进行考勤管理，通过微信就能完成打卡，支持多种打卡方式：指纹打卡、人脸打卡、微信 GPS 定位打卡、摇一摇打卡等。

企微云可以通过 GPS 进行定位，只要员工上传了当天打卡照片，系统就会根据企业定义好的位置，自动识别出该员工是否在工作岗位上，这样就能杜绝员工私自外出，切实将员工考勤管理落到实处。

即便员工临时有事外出，也可以通过这些考勤工具请假外出，减少中间走流程的时间，避免员工请假困难。

3. 考勤和薪酬相结合

企业奖罚分明才能让员工积极地做实事。通过考勤管理，可以优化企业的人力资源配置，调动员工的工作积极性。企业可以通过微信打卡出示考勤榜。企业可以实时查看企业各部门员工出勤状况，不仅可以督促员工相互监督激励，还可以传递积极向上的正能量。

企业考勤排行榜

从纸质办公时代到如今的移动办公时代，企业利用移动考勤打卡，可以更好地管理企业员工考勤，优化考勤管理流程，进一步约束员工，对提高员工的工作效率起到积极作用。

二、会议流程：筹备＋主持＋决策＋执行

虽然开会是工作协同的重要手段，但管理者不能一拍脑袋就随意开会，要

讲方法、讲流程、要结果，不然开会就会成为降低工作效率的罪魁祸首，不仅没有统一思想、无法解决问题，反而会耽误员工的工作进度。

会议可以划分为筹备、主持、决策、执行几个阶段。其中筹备、主持、决策是会议的前期阶段，具体内容如下：

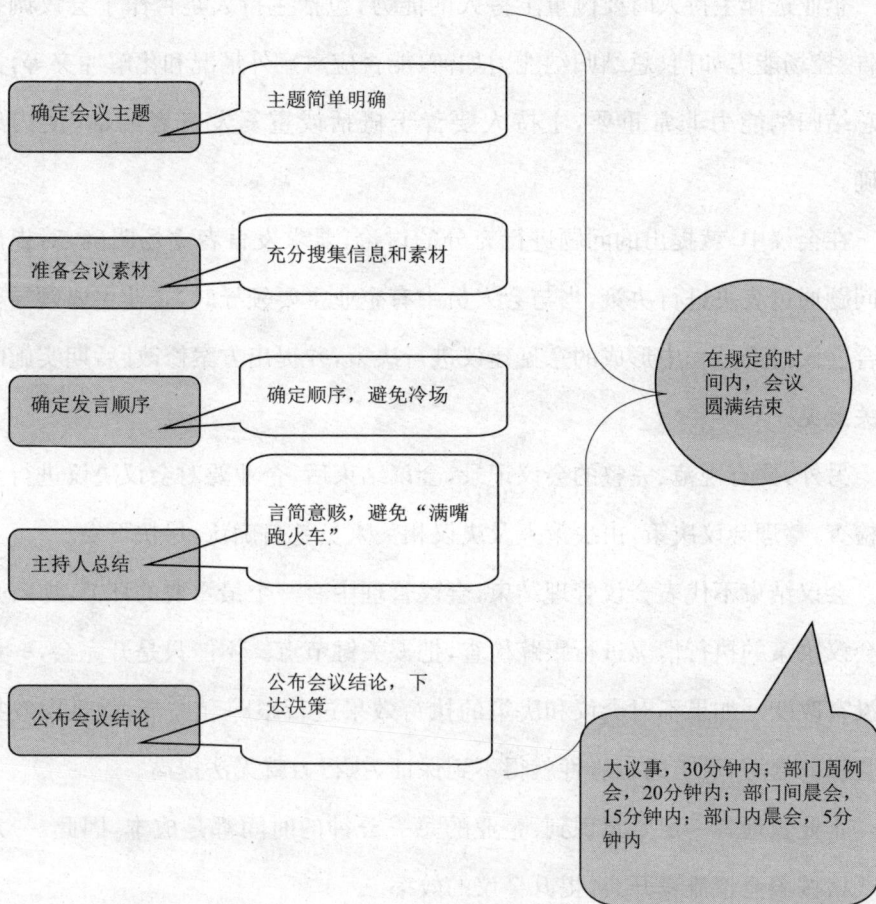

确定会议主题 —— 主题简单明确

准备会议素材 —— 充分搜集信息和素材

确定发言顺序 —— 确定顺序，避免冷场

主持人总结 —— 言简意赅，避免"满嘴跑火车"

公布会议结论 —— 公布会议结论，下达决策

在规定的时间内，会议圆满结束

大议事，30分钟内；部门周例会，20分钟内；部门间晨会，15分钟内；部门内晨会，5分钟内

会议筹备、主持、决策环节的具体内容

在会议的筹备环节，企业要先确定会议主题，准备好会议素材，并确定发言顺序，以免出现开会准备不充分，会议陷入混乱的问题。

同时企业要安排主持人来主持会议,主持人在会议中起到控制的作用,既要控制会议按流程进行,又要控制会议时间,比如规定发言时间是 3 分钟,有人讲了 5 分钟,就一定要打断他。如果主持人发现发言者的发言跑题,也一定要及时提醒,将其拉回到会议主题上来,以保证发言者的效率。

企业选择主持人时要侧重主持人的能力,包括主持人是否作了会议调查报告、控场能力如何、总结归纳能力如何、能否应对意外情况和化解冲突等,其中总结归纳能力非常重要,主持人要善于概括或重复发言者的话,使内容明确。

在会议中,就提出的问题进行充分的讨论,要求发言者立场明确,对提出的问题通过表决进行决策,当与会人员中有企业主要领导时,企业主要领导要综合会议讨论过程中形成的意见建议进行决策,并提出方案修改、后期实施的相关意见。

另外,要有规范、完整的会议记录,会议结束后,企业要对会议决议进行交叉检查,整理会议决策,由决策人及决议相关人员签名确认,尽快下发。

会议结束不代表会议管理结束,会议管理中有一个最重要的环节,那就是对会议决策的执行情况进行跟踪检查,把握关键节点。不能只是开完会,一切都没有改变。如果不对会议和决策的执行效果进行跟踪和监督,就难以发挥出会议的作用,员工的积极性就得不到保证,执行力就无法提高。

企业管理者一定要意识到:企业的每一分钟的时间都是成本,因此,一定要严格按照会议流程开会,提升会议的效率。

三、档案管理流程:分类+储存

企业档案指的是企业在各项生产、经营活动中形成的有保存价值的历史记录。这些记录形式多样，包括文字、图片、声像、影像等。档案管理是企业行政管理的重要工作，是维护企业历史和真实面貌的一项重要工作。企业档案可以为企业研究提供第一手资料，展示企业发展史上的优秀成果。

档案管理工作包括两部分内容，一是管理档案资源，即管理实体档案；二是管理档案中的信息，即管理档案的信息组织。档案管理与公司的每一个人都息息相关，例如公司签订的业务合同、开发报价资料、各类请示、劳动合同等都属于档案管理的范围。

那么，在日常管理中，我们应怎样管理档案呢？

1. 分类

档案分类指的是按照档案的内容性质、形成规律以及相互联系，采用科学的方法对档案进行区分和类集，从而使档案管理条理化。

类目是档案分类的构成要素，它分为类列和类系。类列指的是在不同分类层次上具有平行关系的项目，其原则是不能互相交叉；类系指的是某一大类从总到分所包含的项目，其原则是上位类包含下位类。

类号是类目的标识符号，用来表示类目在分类体系中的位置和排列顺序。档案号是由机构代码、分类号、文件顺序号以及相关特征号组合而成的，用以管理、识别和检索库存档案。

2. 储存

为保证企业档案的完整性、及时性，企业各部门应高度重视档案，提高存档意识，形成及时收集、整理并按企业归档计划整理档案的习惯。除此之外，企业的每一位员工也应提高档案管理意识。存档时确保档案的完整性；借阅档案时要爱惜档案，及时归还。

档案管理工作是企业工作的重要组成部分,是提高工作效率的必要条件。在企业中,如何做好档案管理工作是企业管理者必须不断思索的问题。在档案管理工作中,企业档案管理人员不仅要有能力全面、真实地反映企业整体发展状况和经营成果,还要敢于尝试新的档案管理手段,提高管理效率。

四、日常接待工作流程:专人专职

客户接待是企业的一项重要工作,它关乎着企业能否给客户留下好的印象。所以客户接待工作不能临时安排某一人负责,而是要专人专职,让客户一踏入公司就有宾至如归的感觉。

下面介绍客户接待的基本流程。

1. 了解客户的基本情况

在接到来访通知时,负责接待的人要充分了解客户的基本情况,然后据此安排接待工作。首先要了解客户的单位、姓名、性别、民族、职业、人数等,避免称呼出错、硬件准备不足等问题;其次要了解客户的意图,包括来访的目的、要求、住宿打算等;最后要了解客户到达的日期、航班、车次等,及时通知相关人员提前准备接待工作。

2. 确定迎送规格

除了专人接待外,对于一些比较重要的客户,企业还要安排身份和专业对等的人员出面迎送,例如客户是某企业 CEO,那么企业最好也安排 CEO 出面接待。此外,有时为了表示企业对客户的重视,也可安排企业中级别较高的领导破格接待。

3. 布置接待环境

舒适的接待环境可以表示企业对客户的礼貌与重视。客户接待室应该是明亮、干净、雅致的，应该有茶几、沙发、饮品等供客户休息，还可以适当点缀一些花卉盆景、名人字画来提升整体的氛围。

4. 做好迎客安排

负责接待的人员要安排接待车辆与接待流程，如果客户需要接机，负责接待的人员要提前准备好迎客牌，写上"欢迎×××先生/女士莅临本单位"，还可以准备一些鲜花，以示亲切。

第十章

财务管理流程：纠错防错是关键

财务工作是公司的命脉，稍有不慎可能会引发财务危机或法律危机。因此财务管理重点在纠错防错，规范各种财务流程，从源头减少或避免错误的发生。

第一节　内部财务管理流程设计

内部财务管理指的是公司内部的财务工作，包括预算规划、会计核算、纳税申报等。设计好这些流程，可以让公司内部的资金使用更加规范完善，从而降低成本、提高效益。

一、财务预算流程：编制＋审批＋监控

财务预算指的是企业一段时间内的现金收支、经营成果和财务状况的预算。财务预算流程包含三步，分别是编制、审批、监控。

1. 编制

一般情况下企业预算的编制要求全员参与、上下结合、分类编制。常见的预算编制工作流程有哪些？

（1）下达目标。企业董事会根据企业发展战略和对预算期间的经济进行初步预测，一般于每年 11 月底前提出下一年度的年度财务预算目标，包括销售目标、成本费用目标、利润目标、现金流量目标等，并确定财务预算编制的相关制度，由财务部将目标下达给各职能部门。

（2）编制上报。各职能部门根据企业下达的财务预算目标和制度，结合实际情况及要求，制定部门财务预算方案，于当年 12 月底前上报财务部。

（3）审查平衡。财务部审查、汇总各职能部门上报的财务预算方案，由总经办协调，财务部对发现的问题提出初步调整以及综合平衡的建议，并反馈给职能部门进行修正。

（4）审议批准。财务部正式编制年度财务预算草案，提交总经理及董事会审批。

（5）执行。财务部根据董事会或总经办审批的年度总预算，进行相应的指标体系分解，并下达各部门执行。

2. 审批

在进行预算编制时，需要董事会或总经办对编制的财务预算进行审批，那么，企业应该如何进行预算审批？

现在很多大中型企业都有内部专用的流程审批工具，可以将企业 OA 审批软件与财务预算管理软件结合使用，再加上一系统列完整的预算管理制度对预算进行审批。

针对预算审批，事前需要准备以下资料：未来投入返还需要动用的预算支出的资金总额；投入此项预算会带来的产出；详细的销售额增长测算；估算无形资产。取得这些资料后，企业需要集合组织销售部、财务部等职能部门一起讨论沟通预算草案,并记录下财务部与职能部门达成的一致的部分,将有争议的部分提交管理层决策,不断优化预算方案。

3. 监控

预算监控包括监控企业的经营活动、投资活动、现金流量等,涉及企业的业务流和资金流两大方面,贯穿企业经营活动的全过程。企业实现预算监控的重点是要建立一套行之有效的激励与约束制度,由上到下逐层监督、约束与激励。监控工作应重点围绕销售进度、成本、质量以及现金流这几项关键要素展开。

预算监控是否有效决定着预算管理能否发挥出实际作用。

企业进行预算监控的目的有哪些?通过预算监控,企业可以跟踪目标完成和资源使用的情况;掌握内外部变化,进行预算报告的差距分析,找到产生差距的原因,并制定改进措施。

预算监控有四个层级:预算执行机构自控、财务部门审核监控、高层审批监控以及内部审计部门独立监控。

随着企业产权结构的多元化,企业进行财务预算管理是必然趋势,它是提高企业经济效益的有效途径,企业在进行财务预算时,要严格遵守预算的流程,做好预算编制、审批与监控工作。

二、会计核算流程:会计循环七步法

会计核算指的是以货币为计量单位,通过确认、计量、记录和报告等,对企业的经济活动进行记账、算账和报账,为管理者作决策提供会计信息。会计核算可以采用如下会计循环七步法来进行。

| 编制会计分录 | 过账 | 调整前试算平衡 | 账项调整 | 调整后试算平衡 | 对账和结账 | 编制财务报表 |

分类账

或日记账

调整分录

结账分录

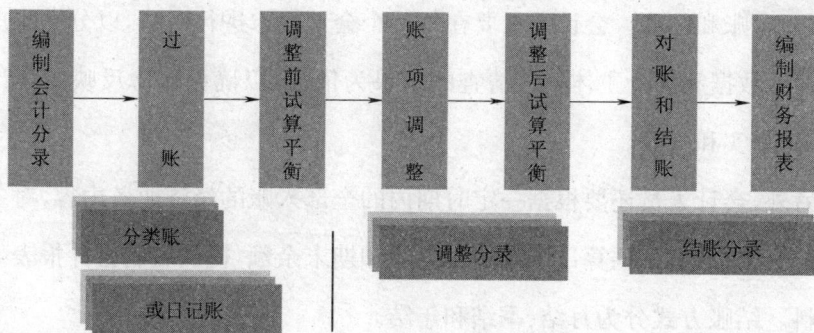

会计循环七步法的工作流程

（1）企业的每笔经济业务发生后，应该根据实际发生情况和完成情况编制必要的会计分录。

会计人员可以通过编制记账凭证的方式编制会计分录，也可以在日记账中进行。采用日记账编制会计分录时，要求企业把所有的经济业务都记入普通日记账或特种日记账中。

（2）将记账凭证或日记账中所确定的会计分录，分别录入有关总分类账户和细分类账户之中。

（3）根据会计等式的平衡关系检查、验证会计分录和过账工作是否有错误，确定账本记录的正确性。

（4）账项调整。根据权责发生制的要求，按照收入、费用的归属期，编制调整分录，对账本记录进行必要调整，以便正确计算出当期损益，并正确反映企业会计期末的财务状况。

调整包括五个内容，分别为：应计收入的账项调整、应计费用的账项调整、预收收入的账项调整、预付费用的账项调整以及期末的其他账项调整。

（5）调整后试算平衡。根据"资产＝负债＋所有者权益"这一会计等式的平衡关系，通过汇总计算和对比，检查账户是否正确、完整。

（6）对账和结账。会计人员要在每一个会计期末进行对账，以分类账户提供的会计数据和会计主体财产清查的结果为依据，以确保账簿反映的会计资料正确、真实和可靠。

另外，会计人员还要根据一定时期内的全部入账的经济业务内容，对各种账簿记录进行结算，结算出本期的发生额和期末余额，提供编制会计报表的标准资料。结账方式分为月结、季结和年结。

（7）编制财务报表。编制财务报表工作在所有的调整分录编制完成后才可以进行。会计人员根据分类账户中有关账户的发生额和各账户的期末余额，编制企业资产表、损益表、现金流量表及财务状况说明书等，以便投资人、企业高层、债权人、政府监督部门及时了解报表单位的会计信息，做出经济决策。

当所有交易的分析、记账、提交工作和调整分录编制完成以后，就可以进行会计科目的汇总，以财务报表的形式展现。如果在编制财务报表时，采用了工作底稿，那么就可以直接从中得到损益表和资产负债表的信息。如果没有采用工作底稿，那么财务报表的数据直接来自分类账户。

企业的会计人员掌握并严格遵守会计循环的七个流程，就能减少会计核算工作的出错率，提高核算工作效率。

三、纳税申报流程：准备所需文件和资料

纳税申报指的是纳税人按照规定的期限和内容向税务机关提交有关纳税事项的书面报告。纳税申报是纳税人履行纳税义务的重要依据，是企业税务工作的重要一环。

《企业所得税法》第五十四条规定："企业所得税分月或者分季预缴。企业应当自月份或者季度终了之日起十五日内，向税务机关报送预缴企业所得税

纳税申报表，预缴税款。企业在报送企业所得税纳税申报表时，应当按照规定附送财务会计报告和其他有关资料。"

纳税人应如实填写纳税申报表，并报送有关证件和资料。资料包括：

（1）财务会计报表及说明材料；

（2）与纳税有关的合同、协议等凭证；

（3）税控装置的电子报税资料；

（4）外出经营活动税收管理证明和完税凭证；

（5）境内或境外公证机构出具的证明文件；

（6）纳税人的纳税申报表；

（7）代扣代缴、代收代缴税款报告表。

《中华人民共和国税收征收管理法》第六十二条规定："纳税人未按照规定的期限办理纳税申报和报送纳税资料的，或者扣缴义务人未按照规定的期限向税务机关报送代扣代缴、代收代缴税款报告表和有关资料的，由税务机关责令限期改正，可以处二千元以下的罚款；情节严重的，可以处二千元以上一万元以下的罚款。"

因此，公司的管理者和人事部负责人都必须关注和重视财务人员的流动，一旦有财务人员提出辞职、调换申请时，应及时开展招聘工作，尽快招聘新人以补充空缺职位。如果短时间内没有招聘到合适的人员，就应该让财务人员在离职之前去税务机关提前缴纳税费及报送申报表，尽量避免给公司带来损失。

第二节　外部财务管理流程设计

外部财务管理指的是公司外部的财务工作，包括融资、投资、应收账款管理、应付账款管理等。设计完备的外部财务管理流程,可以让企业的现金流更加充裕、健康,从而促进企业发展壮大。

一、融资管理流程:从 BP 到 VC 再到 IPO

维持企业的运营需要源源不断的资金,有了充裕的资金,企业才能进行研发、招聘人才、扩大规模,可以说融资是贯穿企业各个发展阶段的一项工作。融资不能盲目进行,也不能等到需要钱的时候再进行,企业要有完善的融资规划和融资流程,科学设计融资规模、融资方式以及时间进度,使企业的融资策略与未来的资金需求相匹配,帮助企业稳步发展。

在企业的融资管理流程中,BP 贯穿于始终,什么是 BP? BP 是商业计划书(Business Plan)的缩写,撰写商业计划书是否很重要? 有的人嗤之以鼻,但实际上商业计划书是比较重要的。商业计划书可以让投资人快速了解企业的产品,向投资人说明企业的产品能创造怎样的价值,对方能获得怎样的利益等。

企业家也可以通过撰写 BP,一次又一次地审视产品、市场,来评估企业的商业模式的健全度,完整地整理企业的想法。

撰写 BP 是为了企业融资,融资能为企业带来日常运行和发展壮大所需要的现金流和资金,但企业在每个阶段的融资方式都不相同,所以企业需要根据每个阶段的发展情况选择最合适的融资方式。

企业的发展一般分为四个阶段,即种子期、发展期、扩张期以及稳定期。常见的企业融资阶段包括种子轮、天使轮、A 轮、B 轮、C 轮、IPO 等,每一轮对应的投资人都有所不同,其中在企业发展最为关键的成长期获得的投资被称作 VC 投资。

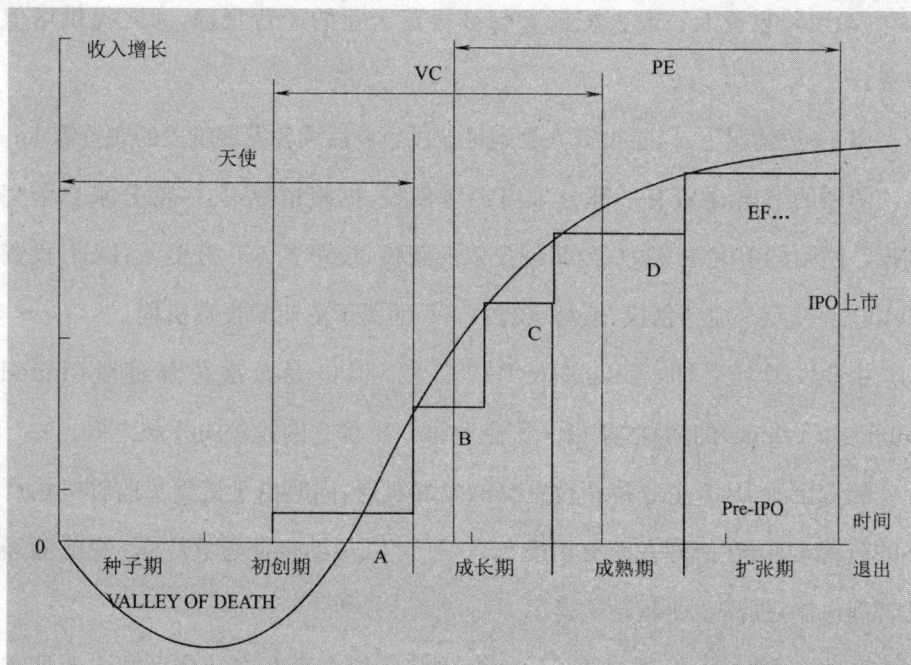

企业融资阶段

VC 是风险投资（Venture Capital）的缩写，简称风投，这是一种向初创企业提供资金支持并取得该企业相应股份的一种融资方式，是一种私人股权投资。

风险投资是把资本投向蕴藏着失败风险的高新技术及其产品的研究开发领域，旨在促进高新技术成果尽快商品化、产业化，以取得高资本收益的一种投资过程。

风险投资有以下几个特征：

（1）投资对象多为处于创业期的中小型高新技术企业；

（2）投资期限在 3～5 年或更多，投资方式一般为股权投资，占有被投资企业 30％左右的股权；

（3）风险投资人一般会积极参与被投资企业的经营管理，为之提供增值服务；

（4）一般情况下，风险投资人会满足被投企业后续各发展阶段的融资需求；

陌陌的 A 轮融资有一部分来自经纬创投，据报道称，另一部分来自紫辉创投。陌陌的 B 轮融资中，经纬创投依旧跟投，投资了 150 万美元；DST 投资了 150 万美元。经纬创投、紫辉创投、DST 都属于专业的投资机构。

企业发展到后期，都会进入 IPO 阶段。IPO 是首次公开募股（Initial Public Offerings）的简称，是指一家企业第一次将它的股份向公众出售。

随着企业 IPO，企业将获得更好的发展机遇，同时由于接受了监管机构严格的监管，公司在治理方面更加规范，这样可以帮助企业建立完善、规范的经营管理机制，提高企业运营质量。

企业在 IPO 时，会通过报纸、电视、网络等媒介不断向社会发布企业披露的信息、证券交易信息以及券商等投资咨询机构对公司的研究信息等，用以提升公司知名度，扩大公司的影响力。

另外，在 IPO 后，企业能获得直接融资渠道，通过资本市场获得更多的低成本资金，促进企业更快发展。公司还可以用股票进行兼并收购与资产重组，增加企业的并购机会，使企业获得巨大的发展和扩张能力。

企业的融资管理流程是为了能更好地融资，使企业获得更多发展机遇，所以，企业一定要掌握在这一过程中的关键环节，也就是 BP、VC 以及 IPO 阶段。

二、投资管理流程：选好项目是重点

投资管理指的是企业对外的投资项目的管理，选择好项目是该工作的重点。这是因为，首先，项目的盈利或亏损与企业的现金流相关，如果在某一投资项目上亏损太多，则可能会影响企业主营业务的运转；其次，企业对外投资项目与企业主营业务的契合度的高低会影响企业的估值以及融资，如果企业的经营业务太过分散且没有关联，就很难获得高估值。

那么，企业在对外投资时，应当考虑哪些因素呢？

1. 企业财务状况

本企业当前的财务状况是企业对外投资要考虑的首要问题，包括资产利用情况、偿债能力、未来现金流动状况和企业筹资能力等。正所谓"巧妇难为无米之炊"，如果企业本身现金流状况不佳，就不要过多地挪用资金进行对外投资。很多企业破产的原因都是管理者对某个投资项目预判出错，导致资金无法及时收回，最后企业资金链断裂。

2. 企业经营目标

企业的对外投资必须与企业的整体经营目标一致，或有利于实现企业的整体经营目标。一般企业对外投资有以下几种目的：

（1）资金调度的需要；

（2）企业扩张的需要；

（3）特定用途的需要；

（4）战略转型的需要。

因此，企业对外投资应该是为企业扩张发展服务的，并非只有投资获利一个目的。如果投资项目与企业的经营目标不符，即使能获取一些利益，对企业发展来说也没有很大意义。

3. 投资对象的收益与风险

不管是企业投资还是个人投资，都希望能获得更多的投资收益。因此，企业在进行对外投资时,要认真分析投资项目的收益和风险,在保证达成投资目的的前提下,尽可能选择收益高、风险小的项目。

三、应收账款管理流程:加快资金回笼

现金流是企业的命脉,而应收账款的回笼对现金流意义重大。如果客户长时间拖着货款不付,不仅会挤压企业的流动资金,还会增加坏账的风险。

企业如何管理应收账款?有以下几种做法:

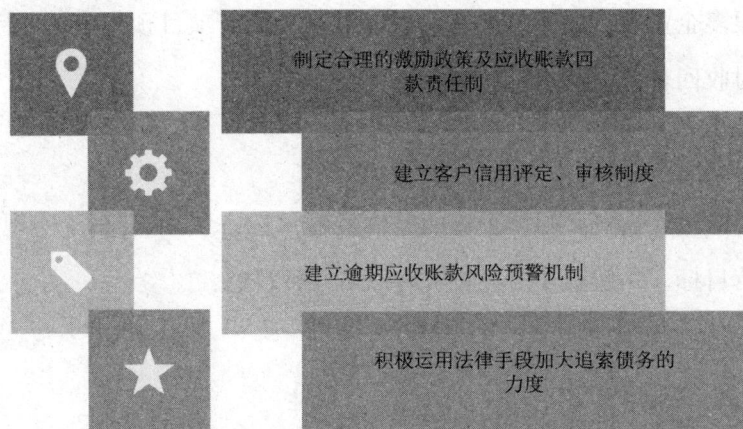

制定合理的激励政策及应收账款回款责任制

建立客户信用评定、审核制度

建立逾期应收账款风险预警机制

积极运用法律手段加大追索债务的力度

企业如何管理应收账款

1. 制定合理的激励政策及应收账款回款责任制

企业应制定严格的销售制度,将产品销售和资金回笼结合起来,加强销售人员的回款意识,同时制定严格的资金回款业绩考核制度,明确催收责任人,把销售回款率作为考核的一项重要指标,与员工的工资、奖金等挂钩。

2. 建立客户信用评定、审核制度

企业的销售部门应详细整理客户的业务资料档案，记录客户的组织机构、企业负责人、地址、电话、执照号码等信息。通过记录的这些信息分析客户信用状况，评定信用等级，实行分级管理，动态进行信用管理，对信用等级下降的客户减少发货，对资信差、长期拖欠货款的客户停止发货。

3. 建立逾期应收账款风险预警机制

预警是为了加强对超期超量的应收账款的管理，及时发现潜在的风险债务，及早采取有效防范措施。

企业可以按照客户设立应收账款台账，进行往来账户的结算登记、核查和清理，定期跟踪分析应收账款的账龄，编制账龄分析表，把逾期应收账款纳入重点监管对象，调整信用政策和信用标准。同时查实超过信用期的应收、应付账款产生的原因，制订具体的催收、支付计划，责任到人。

4. 积极运用法律手段加大追索债务的力度

企业要充分运用法律手段清理欠款，维护企业的合法权益。针对不同的过期的应收账款，企业有两种追讨方式：自行追讨和委托律师追讨。凡债务人没有明确的还款计划或作出有效承诺的，企业都要诉诸法律进行清缴。

企业的应收账款是企业现金流的保障，如果没有足够的现金流企业就难以运营，因此，企业要加强账款管理，加快资金回笼。

四、应付账款管理流程：拒绝过度负债

应付账款指的是企业欠其他人的货款或工程款，也可以理解为企业的负债。这部分账款如果管理不善，不仅会影响企业的信誉，还会导致企业过度负

债,给现金流造成一定压力。那么企业应如何管理应付账款呢?

(1)不管经营什么生意,都要以诚信为本。及时兑现承诺和履行合约,才能为将来的合作打下信誉基础,才能在行业内形成良好口碑。

(2)企业需要在支付账款到期前一个月就做好预算,对未来现金流做出储备,以防违约。

(3)根据企业在金融机构(银行等)的信誉状况,申请使用商业承兑汇票支付(收款人开出经付款人承兑,或由付款人开出并承兑的汇票),这种方式具有一定的融资功能。

(4)支付应付账款必须经财务部、采购部及验收部等部门的审核,最后汇总到决策人审批,其间要手续完备,有据可查。

(5)支付款项的单证应妥善保管,以免未来发生经济纠纷。

(6)每月做应付账款账龄分析,找出重点客户,优先偿付。

(7)对供应商进行考核,在保证质量的情况下,选择价格更优的合作者。

第十一章

产品管理流程:立足市场新格局

好的产品可以为客户带来价值,为企业带来盈利。产品管理包括市场调研、产品研发、产品生产与升级。企业需要立足市场新格局,创新产品设计,让产品更契合市场需求。

第一节 市场调研流程设计

市场调研是产品管理的基础。使用产品的是客户,因此产品的设计要以客户的需求为基础。市场调研可以帮助企业充分了解客户、了解市场现状,从而生产出符合市场需求和大众欢迎的畅销产品。

一、市场预测与分析流程:掌握客户需求

市场调研的第一步是对现有市场进行分析与预测,从而掌握客户的需求,了解产品的前景。企业可以使用5w1h法来对市场进行分析预测,5w1h包含的具体内容如下:

	大环境
why	市场大环境怎么样
where	目标市场如何
what	新产品
who	目标客户
when	什么时候做
how	投入多少资金去做
	怎么做，具体产品

5w1h 的具体内容

1. why

首先要调研想生产或者要生产的产品市场所在区域有无增长空间，从经济趋势的角度长远看待产品的发展情况和政策导向。

2. where

研究完大环境，现在回到产品所针对的目标市场，主要是要清楚垂直市场的发展状况，为自己的产品做最理性的判断。

3. what

调研现有产品。有两个具体的方法：实体与软件。实体又包括线下店铺、搜索网站以及各网购平台；软件是指软件商城、搜索网站以及第三方数据平台。具体选择哪一种方式需要根据实际要生产的新产品来决定。例如做家庭收纳箱设计，不可能侧重于线下店铺调研；做旅游产品的创意设计，则必须要去线下观察才能发现创意点。

4. who

主要是了解目标客户的特点，这些信息同样可以通过 5w1h 法获得。具体包括：购买对象（what）；购买目的（why）；购买时机（when）；购买地点（where）；购买方式（how）；购买人（who）等信息。

然后企业要对这些信息进行统计分析，对目标客户进行分类，得出典型的客户模型，这样才能做出符合目标客户需求的产品。

5. when

对产品战略与产品功能进行规划，明确什么时候做。

6. how

了解自己公司在新产品上是否有优势，没有优势的话，就需要在产品上找突破点、创新点，实现产品的差异化。

同时要考虑公司对这个项目的人力、物力和财力的预算。有一家做网游的公司，就因为事前没有做预算，最后项目开发时间过长，导致后期资金链断裂，项目也没能继续开发下去。

通过 5w1h 法，企业可以了解产品的发展前景等需要提前考虑的问题，这是最终能够成功输出产品的保障。

二、市场调研问卷设计流程：内容全面

如果企业没有费用聘请专业的市场调研公司或成立专门收集信息的市场

部,也可以采用问卷的方式自行组织调研。

问卷调查一直被业内人士看作是制胜的法宝。企业可以借助工具设计问卷调查,例如问卷星、番茄表单、腾讯问卷等。

问卷调查的工具:问卷星

问卷设计是问卷调查的非常重要的一个环节,它决定着市场调研能否成功。为了更好地实现调研目的,调研人员要先确定调研目标和内容,缜密设计问卷问题,问题包括消费者对产品的认知程度、对本品牌及其竞争对手品牌的了解程度、购买动机、使用习惯、价格承受能力等,问题的提出尽可能客观、真实地反映市场情况。

通过问卷调查对市场进行调研后,要输出数据报告,整理调研数据,通过图表图形等进行可视化展现,同时输出调研结论,为下一步的工作提供依据。调研人员可以使用对比分析法、结构分析法等分析方法,通过数据统计软件和数据分析工具进行数据分析。

数据分析处理完成后，需要撰写报告展现调研结论，调研人员要在报告中运用思维导图整理思路，一份逻辑框架清晰的报告，对产品的决策更有帮助。

三、市场调研报告撰写流程：贴合性是关键

完成市场预测和信息收集工作后，调研人员需要输出一个市场调研报告。这份报告最终要呈交给公司的领导与产品负责人，以便指导项目决策。

那么，这份报告要包含什么内容？主要有如下四个大的方面：

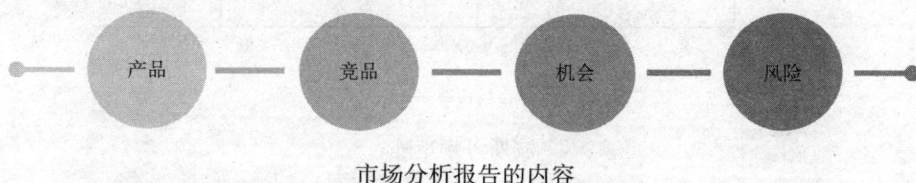

市场分析报告的内容

1. 产品分析

调研人员在报告书中列举有代表性的产品及公司情况，包括流量、独立用户数等产品硬性指标；以硬性指标数据为主的增长态势；分析产品的核心优劣势、各产品间的关系；分析市场占有率、业务覆盖区域等业务情况，并说明规模、员工数量、融资情况等基本公司信息。

2. 竞品分析

竞品分析的目的是了解竞品情况，有以下几点作用：

（1）了解竞品的定位、产品、用户、市占率、盈利、公司以及行业趋势等；

（2）在对比中找差异点、行动点；

（3）通过竞品的项目或功能，帮助企业验证需求是否成立。

那么，企业应该选择哪些竞品进行分析？

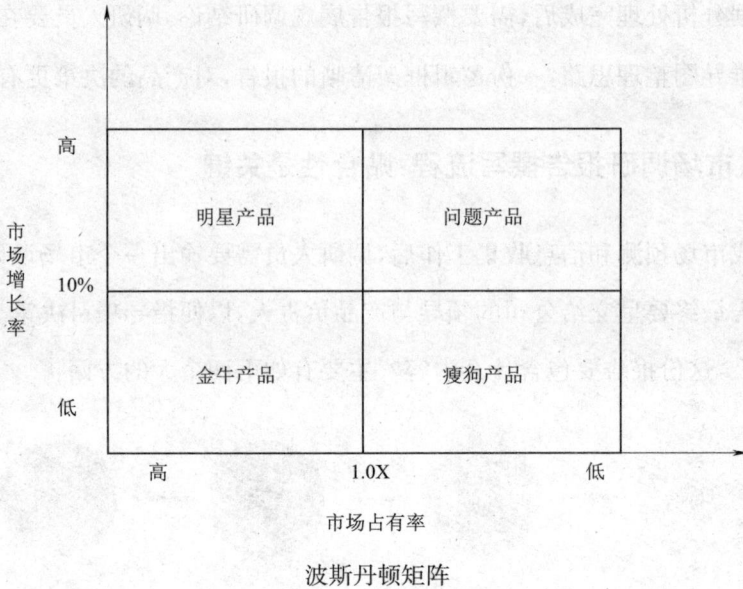

波斯丹顿矩阵

一般选择"明星产品""金牛产品"这两个区间的竞品。这些竞品不仅市场占有率高，而且还在持续增长，背后的原因值得学习。在报告书中，调研人员要展现以下几点内容：行业分析、产品定位及发展策略、公司情况、用户情况、市场数据、核心功能、产品优缺点、运营及推广策略、总结与行动点等。

3. 机会

企业进行市场调研的最终目的是找到发展机会，那么，这些机会可能出现在哪些地方？以拼多多为例，在淘宝、京东等电商平台占据大部分市场份额情况下，拼多多能杀出一条血路，拥有自己的客户，靠的就是深耕下沉市场，以低廉的价格吸引三、四线及以下城市、乡镇用户。

4. 风险

机会与风险相伴而生。因此，调研人员在报告中展现可能遇到的风险至关重要。具体包括以下几点内容：

（1）是否依托颇有难度的工作才能实现产品的核心价值；

（2）企业所在的上下游公司以及行业巨头切入这个领域的可能性；

（3）盈利能力是否稳健？如果暂时无法盈利，产品是否具有未来盈利的想象空间？

产品的市场调研分析报告的目的是展现市场调研的结果，以便更好地了解行业、寻找机会，因此没有完美的报告模板，只有更适合的解答，调研人员在撰写报告时要格外注意贴合性。

第二节 产品研发流程设计

产品研发需要依靠严格的流程来组织，要保证即使任务变化，也能不降低工作质量。换句话说，产品流程要做到工作步骤可以根据不同的工作标准来调整，可以敏捷、灵活地响应变化。

一、产品立项流程：先要组建研发团队

产品研发的第一步是产品立项，即明确产品的功能、实现方式、应用场景等，相当于为产品研发工作拟定一个大纲，以保证后续的研发工作不偏离目标。

在立项时，所有参与者都处于同一种语言体系中，统一项目的方向，这样在讨论问题时就可以最大化节省效率。产品立项时要考虑以下几个问题：

产品满足了什么需求

产品是否沦落成"伪需求"

目标用户是谁，市场有多大

产品立项要考虑的问题

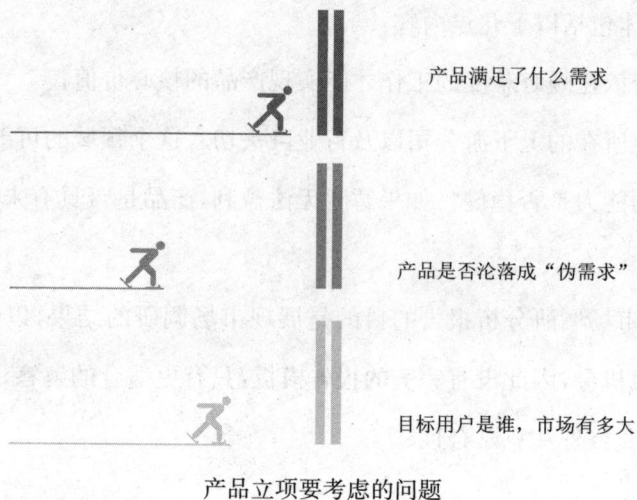

1. 产品满足了什么需求

很多时候，需求都是创意者自己臆想出来的，没有实际的数据支持，逻辑也不清晰，在这样一个错误的方向上，怎么努力都不会成功。

现在有很多产品开发者说自己发现了全流程的需求，提出了一条龙式的产品方案。但实际效果并不尽如人意，以加油类的汽车市场 App 为例，App 包含了加油、洗车、办卡、保险、查违章等多项功能，但最终的结果是所有功能都不精，用户体验极差。

2. 产品是否沦落成"伪需求"

产品经理往往很难承认产品满足的是"伪需求"，一般都是在产品销售失败的节点，才不得不面对这种"伪需求"。

那么，如何判断伪需求？

不按照用户的需要来设计产品。用户的需求是动态变化的，而且用户也没有设计能力，所以他们只能为我们的产品设计提供方向。

多与目标群体接触，看看他们聊什么，对什么感兴趣。

忽略因为可能性带来的产品设计。产品经理要注意"可能""有部分用户""万一"这类场景引发的设计需求，对于大部分用户而言，这些"可能"往往是"伪需求"。

3. 目标用户是谁，市场有多大

产品经理要能清晰地界定用户群体。以一款红酒应用为例：

入门：月均 1～3 次独饮；

酒商类：周均 2～4 次伴饮；

发烧友：周均大于 2 次独饮。

这样清晰地界定用户范围，能帮助产品经理挖掘出不同类型用户的痛点。

市场体量又与目标用户紧密结合。"中国有 3 亿葡萄酒消费用户，其中 800 万持续消费者，400 万葡萄酒爱好者，35 万发烧友"，看上去葡萄酒的市场很大，但对于目标用户是发烧友的产品而言，市场只有 35 万人。

完成产品立项后，下一步就是组建研发团队，将产品开发落到实处。

组建研发团队时，首先要根据项目的能力需求进行筛选，找最合适的人才，研发团队一般由 5～8 名不同研发专长的成员和 1 名核心小组组长（产品开发经理或 PDT 经理）组成。

研发团队主要承担协调公司资源、产品开发进度、与相关部门沟通等责任，直接承担产品研发的责任。因此，团队成员之间要互补、信任、包容，根据项目模式的协同目标构建组织框架，确定团队分工和责权，解决产品研发过程中遇到的问题。

二、产品设计流程：内部结构＋外部包装

产品设计指的是从制定出新产品设计任务到设计出样品的一系列工作。展现产品风格、增加产品附加值是产品设计的主要内容，其中内部结构设计与外部包装设计是产品设计的重点。

产品的结构设计是指在产品开发环节中，根据产品功能设计内部结构，具体工作包括根据外观模型进行零件分析，确定各个部件的固定方法、需要用到哪些零件、每个零件的尺寸大小等。

为实现某种技术功能，设计者往往可以采用不同的构型方案，而这项工作又是设计者凭借"直觉"进行的，所以结构设计具有灵活多变性和工作结果多样性等特点。

产品的外观包装设计是产品的直观形象，是产品给用户的第一视觉冲击。因而，产品的包装就是产品的第一说明书。

在设计 iPhone 的时候，iPhone 的原始结构设计是将玻璃镶嵌到一个铝制的外壳中，但乔布斯说："我昨晚一夜没睡，我发现我不喜欢这个设计。"设计师意识到乔布斯是对的。他回忆道："乔布斯的这个发现让我无比尴尬。"然后他们改变了 iPhone 的结构。

在 iPad 设计的收尾阶段，又发生了类似的事情。乔布斯有一次看着原型机，觉得它不够随性和友好，他希望传递给用户的信号是用户可以随意用一只手拿起 iPad。所以最后乔布斯决定将 iPad 的底部设计为圆角，这样用户就可以舒服地拿起 iPad 而不用小心翼翼地捧在手中。

iPad 外观包装

然而这种想法意味着要把所有的接口和按键集成在向下渐变的一个椭圆形区域内，乔布斯一直等到实现了这一点才发布 iPad。

从乔布斯的案例我们可以看出，某种意义上，产品的结构设计与外观包装设计是相关联的，设计师要重视这一点。

三、产品测试流程：软件测试与硬件测试

产品设计的样品完成后，设计师需要对产品进行测试，以确定质量好坏以及功能是否流畅运行。产品测试最为常用的两种方法是软件测试与硬件测试。

1. 软件测试

软件测试是为了发现产品程序中的错误，最终改善产品。它帮助识别产品开发完成后软件的正确度、完全度和质量。

软件测试包括以下内容：验证和确认。

（1）验证保证软件正确地实现一些特定功能，保证软件做了所期望的事情。

（2）确认是一系列活动和过程，目的是证实在既定的外部环境中软件的逻辑正确性，保证软件以正确的方式来做一件事。

软件测试不仅仅是程序测试，还包括整个软件开发期间各个阶段所产生的文档，如需求规格说明、概要设计、详细设计等。

软件测试过程中常用的方式是黑盒测试，黑盒测试也叫功能测试，是将被测试对象当作黑盒子，不考虑其内部程序结构与处理过程，仅测试程序接口，检查适当的输入能否带来适当的输出，输入相当于需求和设计，输出相当于产品的测试。

软件测试在企业中担当的是"质量管理"角色，是及时纠错及时更正，确保产品的正常运作的保证。

2. 硬件测试

硬件测试主要是指硬件产品的测试工作，目的是保证测试质量及测试工作的顺利进行，改进、制定硬件测试技术和规范。他们是硬件质量的把关者。

硬件测试的内容包括以下几点：

（1）测试公司研发的产品的功能、性能和应用，检测其是否达到设定好的要求；

（2）根据要求进行测试需求分析；

（3）反馈缺陷和问题，撰写测试报告；

（4）搭建测试环境，维护测试设备、测试软件配置和版本控制；

（5）参与产品的改进与生产制造，与研发团队有效沟通产品的测试和品质等问题。

对企业来说，把握好产品的质量是该产品在市场上是否有强劲竞争力最为重要的部分，硬件测试就是站在用户的角度，对产品的功能、性能、可靠性、兼容性、稳定性等进行严格的检查，提前体验用户的使用感受，找到问题所在，不断改善以提高产品的市场竞争力。

硬件测试是产品从研发走向生产的必经阶段，决定了产品质量的优劣。更为全面、仔细、专业地开展测试工作，是众多企业所追求的目标。

企业在进行测试时，要将软件测试与硬件测试相结合，完善产品的各个方面，提高产品的竞争力与使用体验。

第三节　产品生产与升级流程设计

产品设计完成后就到了产品生产的环节，除了要把控质量、降低次品率外，企业还要注意生产安全，规范生产。随着产品逐渐进入市场，企业还要根据客户的反馈进行产品迭代，升级产品，让其更符合市场的需要。

一、产品生产流程：确保生产安全

任何生产活动都要在保证安全的前提下进行，这不仅是对企业员工负责，更是减少法律风险、避免纠纷的重要工作。

那么，企业怎样才能做好日常安全管理工作？

加强对安全生产工作的领导

建立健全的安全生产管理制度，规范安全措施

进行安全生产的宣传与教育，提升员工安全意识

安全生产的日常管理工作重在监督到位

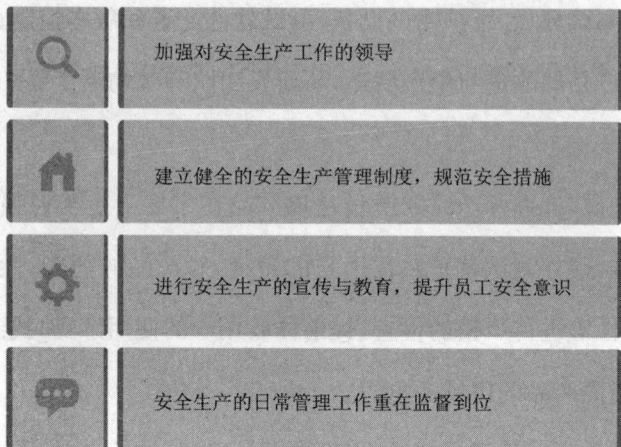

企业日常安全管理工作

1. 加强对安全生产工作的领导

要搞好安全生产工作，必须加强对安全生产工作的领导。企业要定期召开安全会议，包括安全例会、班前会、安全活动日等，将安全意识传达给每一位生产员工。除此之外，企业还要加强日常痕迹化管理工作，记录好员工是否按照岗位职责的要求进行工作，做到事事有跟踪，比如交接班记录、设备点检、运行与检修记录等。

另外，企业要定期开展隐患排查与治理工作，包括员工的不安全行为、设备设施的不安全状态以及管理上的缺陷等，尽早消灭安全隐患问题。

2. 建立健全的安全生产管理制度，规范安全措施

"没有规矩，不成方圆"，没有合理、规范的管理制度，就没有统一标准的生产要求，就无法做好安全生产的日常管理。因此企业要建立完善、细化的安全管理制度，制定具体的实施办法。

3. 进行安全生产的宣传与教育，提升员工安全意识

安全生产与员工的日常工作紧密相关，因此，企业要想做好安全生产工作，就一定要紧抓安全宣传与教育，提高员工的自我保护能力。

4. 安全生产的日常管理工作重在监督到位

企业要安排专门的部门或人员作为安全生产工作的监察工作者，根据企业生产不断发展的需求，及时发现和消除隐患，及时纠正和查处违章，实现将安全生产监督由事后转向事前监督、过程监督。

安全生产，人人有责。安全生产的管理是一个系统性、长期性的工作。如果能严格按照安全管理体系的要求来指导企业的日常安全生产管理工作，安全生产的工作思路会不断清晰、明确，效果也会越来越好。

二、产品质量把控流程：产品不能有瑕疵

提质增效是企业生产的核心工作。优质的产品可以塑造良好口碑，提升企业的品牌价值。企业要设置好相关的质量控制流程，最大程度降低次品率，争取高效生产高质量产品。

1. 工序控制

工序是将产品整个生产过程的各个生产点连成线的过程，在生产的过程中，它是波动的。工序控制就是运用科学手段，将生产质量的波动控制在规定范围内，保证产品的质量合格。

由于工序种类有很多，影响因素复杂，工序控制的方法也多种多样，企业在生产中经常使用三种方法：自控、工序质量控制点以及工序诊断调节法。这需要现场的工作人员根据各工序特点、工艺类型、设备情况和员工素质等，选

择既经济又有效的方法。

2. 标识管理

标识管理是指在企业的生产过程中,为了提高效率、减少安全隐患,对相应的岗位或区域进行标识。标识既能防止假冒,也能宣传企业形象。

标识共有如下三种类型:

● 现场管理区域标识　　　　　● 产品标识　　　　　● 设备管理标识

标识的三种类型

(1)现场管理区域标识:消防区域与通道、物料区、返工区、不合格品区、待检区等。

(2)产品标识:产品名称标识、状态标识、产品型号或数量、试产、量产等。

(3)设备管理标识:移动的设备定点放置的区域标识、设备运行状态的标识、设备的编码标识、危险标贴以及危险岗位标识等。

3. 包装控制

产品包装是指包装产品的容器和包装物,用来保护产品,便于运输和存储,是生产质量管理的最后一道工序。

包装主要有以下两种:

(1)产品容器。这种包装与产品是一个整体,直接影响产品质量;

(2)保护产品的包装。为了确保产品完整地送到顾客手中,在产品的成品外面要再加外包装。

在产品趋同化越发严重、市场竞争越发激烈的情况下，好的产品包装不仅能带来视觉冲击，而且可能会驱动消费，影响着用户对产品的印象，因此，一定要重视这一环节的控制。

三、产品迭代流程：根据客户反馈做更新

市场变化日益加快，今天上架的产品，明天可能就会被模仿超越。因此，企业要有合理的产品迭代流程，根据客户反馈不断更新完善产品，从而延长产品的寿命。

那么产品是怎样进行迭代的？

功能上的增删改只是最表面的东西，只是产品更新迭代的方法，更新迭代的实质是围绕用户体验进行产品升级。

一个刚出现的产品，与真正的好产品还存在一定的差距。虽然在产品面世之前，很多企业都经过多次调研，用很长时间打造，满足了当时的用户的需求，但实际上，真实的用户需求是在用户使用产品的过程中不断被发现和满足的；用户也总会有新的需求。

也正是因为用户需求的变化，产品要不断更新，从有到优进行迭代。这时我们要明白一个问题：更新迭代应从用户的角度出发，具体可以从用户本身和用户需求两个方面来分析。

对产品而言，用户是分层的。我们可以把用户分为种子用户、主流用户、普通用户三大类。

我们可以通过问卷调查、客户反馈、客户访谈等方式来获得这三类用户的需求，这个时候，我们所掌握的需求是非常多的，现在要考虑的是我们的产品

优先满足哪类用户的需求。

用户类型的选择要结合产品所处的阶段。如果产品处于成长阶段，产品迭代的目标是获取新用户。在这一目标下，种子用户的价值才是最大的，因此要优先满足种子用户的需求，企业可以不断推出产品新功能。

如果产品已经发展到一定程度，具有了一定的用户规模，此时产品迭代的目标是提升用户留存率和活跃度。这个时候，要优先满足主流用户的需求，具体操作应该是提升产品功能、优化用户体验等。

在确定了优先满足哪类用户需求后，我们还需要进一步确定需求的优先级。因为企业的资源可能无法支撑我们同时更新多个需求。

那怎样确定用户需求的优先级呢？首先要进行用户需求分级。用户需求分为如下三个等级：

魅力需求

期望需求

普通需求

用户需求的三个等级

其中满足用户基本使用的是普通需求；满足用户希望产品实现的是期望需求；用户没想到，产品带给用户的惊喜是魅力需求。

企业在进行产品的更新迭代时，优先实现的需求一定是强化产品核心流程，最大限度提升产品核心竞争力；其次要优先满足的需求一定和商业目标相契合，保证产品的可持续发展；再次要实现的需求是公司资源的最优分配下可高效实现的。

微信就是从最初的通信工具，更新到社交工具，再到社交平台，最后成了目前的综合性平台，这一个过程，就是产品的更新迭代。

产品的更新迭代是一场残酷的竞争，对产品设计人员来说，要时刻牢记以用户为中心，满足用户的需求，义无反顾地坚持向前。

第十二章

销售管理流程：提高团队业绩

销售是企业的重要工作，它直接影响企业的盈利情况。做好销售管理可以提升销售团队的战斗力，让销售工作更有效率，成单率更高。

第一节　销售前期工作流程设计

想要将产品顺利销售给客户，前期需要做许多准备工作，包括打造专业形象，提升信任度；设置销售目标，增加员工动力等。

一、形象打造流程：打造专业度

专业度是客户衡量销售人员可信度的重要因素。每个客户心中都对合作对象专业与否有着自己的衡量标准。若销售人员的衣着、打扮、谈吐、举止及价值观等条件与客户的期望相一致，客户就会建立"他就是我所需要的人"的印象，从而增加对销售人员的信任度。专业度体现在两方面。

第一个方面是达到专业的期望。

客户都会根据销售人员的职业对其形象与行为产生期望。对于非常符合他们期望的销售人员，客户会自然地给予更多的信任感。因此，在跟客户沟通时销售人员要力求与这种期望相一致。比如，在外观上，销售人员的着装要干净得体。男士以西装为主，女士穿裙装一定要搭配丝袜，要化淡妆。在沟通时，销售人员必须练习好自己的普通话。语言是销售人员与客户沟通的核心方式和工具，若销售人员无法清晰表达自己的想法，令客户无法顺畅地接收信息，就会浪费双方的时间，沟通就失去了意义。

在专业能力上，销售人员必须将公司及产品的简介和特点熟记于心，要知道推销产品、应用产品的方法，尽力使客户认可产品。最重要的一点是能够解决客户的困惑和疑问。解决客户的困惑和疑问不仅体现了销售人员的专业度，还能获得客户的信任，有助于后续沟通时进一步营销。

第二个方面是寻求两者之间的共性。大量的研究表明，人们与自己相似的人相处会更愉快，比如，相同的学校、相同的籍贯、相同的年龄段或类似的经历等。销售人员在寻求与客户的共同点时，可以提前调查客户的喜好，知彼知己，也可以在沟通时去了解双方的共同点。如果发现双方有共同的喜好则要抓住机会建立关系，一旦关系亲密后，销售机会就会增加。

二、销售目标设置流程：细化再分解

设置销售目标环节中重要的一步就是细化分解目标，将公司的总体的销售目标细化成小目标，分解给个人。这样可以降低员工的压力，让员工清晰地知道当下的工作，从而更有工作动力。

销售目标的划分分为两种方式：指令式分解与协商式分解。指令式分解指的是企业的核心管理层不与下层部门沟通，依靠手中持有的数据进行任务额度划分，以领导层人员直接下达指令的方式，将目标计划分解。这样的目标分解方式,容易造成企业制定的目标计划难以实施的情况。

协商式分解指的是领导层人员与各部门人员进行充分探讨交流,了解各方面因素后,再进行目标的分解与落实,这样的目标分解模式能够达到上下层级之间意见一致,使计划更易于实际落实,有利于上下级之间的关系和谐,也有利于下级主观能动性的发挥,还能够充分调动其积极性,但要注意在民主决策后的权力集中。

上海一家化妆品企业,在 2018 年初便定下了全年的销售目标,并将其分为季度目标交给各地的部门去落实。在前两个季度,企业高管根据当地女性人口数量、消费能力等情况,对各部门销售目标进行了相应的划分,但实际完成度不佳。

于是在 2018 年中,企业召开了一次大会,将各地的销售代表召集到一起,针对目标划分的问题进行讨论,对各地各部门的消费能力、消费倾向及当地特殊影响因素等情况进行了相应的调查记录,经过商讨得出了最终的目标划分制度,并予以落实。在 2018 年底该企业近 95％的部门完成了各自的目标甚至超额完成,企业的年度销售计划也因此得以成功达成。

在这个案例中,在 2018 年度前两个季度中,企业使用的是指令式分解法。影响化妆品销量的因素相对较多,仅靠企业数据没有办法充分了解实际销售状态。故而在年中的员工大会后,企业的销售目标有了适当的调整,变得更加符合各地情况,销售目标才能达成。

要做好对销售目标的划分,企业团队首先要针对自身的情况、针对上一季度/年度的销售指标、销售任务完成度等情况进行分析,然后制定出相应合理的各阶段的销售指标。在这基础上通过对下级部门提交的数据进行研究,或是通过沟通讨论,将销售计划分解下发到每一个销售人员,对产品项、对销售目标的划分要详尽，细致到规格、型号等特征。

在对销售目标进行细分后，相应地对营销费用预算、外部账款的回收、销售步骤分解等问题逐一进行分解，并要求建立详尽的销售情况反馈制度，除了对已销售部分进行记录，还要对未来的销售情况进行预测，例如网点、销售通路、零售与批发商家等内容。以这样从上到下制度化的销售目标划分方式，对企业的销售目标进行系统性梳理，将员工角色与职责定位更清晰地呈现出来，将小团队员工目标与企业的目标进行统一，最后达到完成企业销售既定目标的目的。

第二节　销售中期工作流程设计

销售中期是销售人员与客户接触的主要阶段，也是成单的关键阶段。销售人员要做好产品介绍、品牌形象展示以及促销活动介绍，争取在有限的时间内获得客户的好感，达成交易。

一、产品介绍流程：怎样介绍产品才合格

产品介绍是销售过程中的一个重要工作，它影响着客户对产品的最初印象。如果销售人员能够让客户对产品产生极大的兴趣，那么最终达成交易的概率也会更大。

1.客户心理分析

在销售人员进行销售时，要找准客户的"软肋"，"软肋"实际上指的是客户最重视的内容、最关心的问题，只要销售人员能够了解顾客的真实需求，找准"软肋"，针对这些问题进行专业的解答，就能够获得顾客的信任，从而获得业

绩的提高。

销售人员可以设身处地将自己置于与顾客等同的位置，想顾客所想，那么在与顾客进行沟通时，就能够有效地提高顾客的消费体验，达到增强情感联系的作用，甚至达到延长顾客的产品使用周期，提高顾客品牌忠诚度的效果。

2. 产品功能介绍

针对产品功能介绍，销售人员应有策略性的讲述，而并非平铺直叙地讲述该产品有哪些功能，若平铺直叙地将产品功能说完，一方面顾客没有太深的印象，另一方面在后续的销售过程中也没有过多话题可以维持彼此的沟通交流。

在一家手机销售中心中，郑佩佩是一名销售员，张帅是她的徒弟。张帅注意到，郑佩佩销售手机时，经常与顾客相聊甚欢，完全不会没有话题，而张帅自己销售手机时却总是话题很少，只能以问顾客觉得如何作为收尾。对此张帅很不解，于是向师傅讨教。

郑佩佩解释说，你是新员工，在员工培训期间，企业为你灌输了大量的硬性知识，但实际上你不能够直接将这些模式化的数据讲给顾客，因为顾客对专业知识并不了解，对于产品型号、特性等内容都不熟悉。你对顾客说，这个用的是什么型号的处理器，顾客并不知道产品优劣势，那么你的介绍就达不到预期效果，反而会让顾客感觉一头雾水。

张帅仍然不明白，问：那我应该怎么做呢。郑佩佩解释：大多数顾客选择手机总是从外观进行第一选择，在顾客进行第一选择后，你可以先褒奖顾客眼光好，选择一到两个优势最大的特点进行讲述。

郑佩佩接着举例：比如顾客选择了这款手机，你可以说这款手机是使用了现在最先进的快充技术，相比于以前的快充技术增加了稳定性，即使充得再快也绝不会出现手机爆炸的情况。

其次这款手机还搭载了骁龙835处理器，这个处理器性能特别好，那可是"马中赤兔、人中吕布"的级别，不论是打游戏还是日常使用都完全足够。经过你这样的话术引导，顾客不论对手机配置有没有了解，都能够得到相应的有效信息，而你仅仅介绍了两点最重要的优势。后续不论顾客是否提出其他疑问，你都还有内容可以介绍，不会出现无话可说的尴尬局面。经过郑佩佩的指点，张帅茅塞顿开，销售业绩也直线上升。

3. 产品特点介绍

顾客在选购商品时，通常会抱着货比三家的想法，认为要多进行比对才能够购买到最优质的、性价比最高的产品。抱有这种心态的顾客通常很容易在销售人员热情介绍后出现流失的情况。

在实际的销售过程中张帅发现，有一部分顾客虽然表现出对产品浓厚的兴趣，但了解详细情况以后大多表示自己再看看，就去了别家柜台询问，最终回来店面购买商品的寥寥无几。张帅对这种情况的发生表示无法理解，于是询问郑佩佩出现这种情况的缘由。

郑佩佩讲解：例如你要买一款手机，你会进一家店面询问后就立刻下单吗，大概率不会。通常情况下顾客都会进行几款机型的比对，或者几个品牌之间的比对。这种货比三家的心理造成很大一部分客源流失，在销售过程中我们可以通过完善沟通技巧解决这种问题。

郑佩佩举例说：例如顾客来店里买手机，你在进行基础的推荐时，可以进行举例，比如这款手机的骁龙835处理器，比隔壁A家的处理器要好，也是最新的配置，隔壁A家的手机搭载的最高版本是×××版本，比咱们家处理器差一些，所以购买这款比较划算。

张帅不解：如果别人家产品配置比较好，应该怎么用话术引导呢？郑佩佩回答:还是以骁龙 835 举例,隔壁 B 家搭载的××款处理器的性能各方面都比较好,但某方面(如系统、拍照、屏幕等)较差,并且价格比较贵,整体性价比较低。张帅学习了郑佩佩的方法果然销售额随之增长。

4. 客户利益介绍

通过具体化、数字化、场景化的语言,能够对客户产生积极的心理暗示。

暗示性语言在销售过程中也发挥着重要作用,销售人员如果能够巧妙地使用暗示语言,就能让客户在心理上对产品产生不一样的感觉,如让客户感觉到自己已经拥有产品的暗示语言,就能让客户的购买意向大大增强。

例如 A 销售员在推销产品时,向客户这样说:"假如您购买这件产品,您就会……"而 B 销售员向客户推销产品时会这样说:"当您在工作时使用它的时候,您的工作效率能提高 30%,幸福感也会随之提高 50%。"

二、品牌形象展示流程:以输出品牌为主

在物质极大丰富的今天,产品同质化成了困扰很多企业的问题。销售人员在向客户推荐产品时,经常会面临这样一个问题"市面上相同的产品这么多,为什么我就要从你家买呢"。想要解决这个问题,销售人员可以向消费者展示品牌,用品牌作为背书,凸显自身的实力。

在确立品牌形象的过程中,企业应以打造品牌硬实力作为主攻方向,其中所涉及的主要方面有品牌基因、品牌理念和品牌定位,再辅以多元、立体的传播手段,使品牌形象深入消费者内心。

1. 提取品牌基因

要确立一个良好的品牌形象,第一步就是要提取一个合适的品牌基因,品

牌基因是一个品牌的"魂魄"，它决定着一个品牌的核心价值到底是什么，继而也就决定了未来企业在这一品牌之下的产品所要走的市场道路。正是因为不同的品牌基因，才会导致品牌之间出现差异化。

提取品牌基因应以市场调研作为着手点，现今的市场纷繁复杂，各种产品层出不穷，但大部分品牌不过是昙花一现，甚至有很多品牌的产品还没有完全进入市场就已经"胎死腹中"。究其原因，还是因为对市场不够了解，没有用足够的时间和精力进行市场调研就盲目地将产品投放市场，基本全靠"撞大运"。

进行市场调研大体有这样几个步骤：一是确立调研目标；二是设计并确定调研方案；三是确定所调研市场的信息来源；四是确定要收集的资料；五是问卷的设计及发放；六是收集问卷、对所收集到的信息进行分析并撰写市场调研报告。然后根据市场调研所反馈出的结果进行品牌基因的提取，这为品牌能够在市场上立足提供了保障。

2. 识别品牌理念

根据市场调研情况提取出独特的品牌基因后，就要从观念层面上来对品牌进行建设，即构建品牌理念。品牌理念的构建是为了吸引消费者，建立起他们对品牌忠诚度，并为品牌抢占优势市场创造条件。品牌理念包括三个部分：品牌使命、经营思想和行为准则，对品牌形象的建立具有导向作用。

品牌使命是指品牌乃至企业所应承担的社会责任和其发展过程中应该完成的任务。品牌使命是品牌形象在消费者面前最为直接的反映，是一个品牌未来发展的基本指导思想，也为企业未来的发展指明了道路。

经营思想是指经营者为品牌所搭建的发展框架，是较为具象化的发展纲领，形象具体地描述了企业及品牌未来的发展道路。经营思想直接决定着品牌对外所展现出来的姿态，同时也影响着消费者对品牌所产生的印象。

行为准则是指对企业内部员工进行约束的具体规则,是根据企业的发展方向、经营思想所制定的落到实处的处事方式,在企业内部具有强制性的特点,企业内部员工必须遵守和执行这些规则。

3. 明确品牌定位

企业在完成品牌基因的提取和品牌理念的建设之后,接下来就是要准备将产品投入市场,但在正式投放之前还有一项非常重要的工作要做,那就是明确自己的品牌定位。

品牌定位是指在市场上树立一个明确的、区别于同业产品、满足消费者需求的形象,目的是在市场上所有潜在消费者心中留下深刻的印象,继而快速抢占市场。

明确品牌定位最重要的就是展现品牌的差异特性和特殊价值,这决定了该品牌在和同业对手的竞争中是脱颖而出还是被淹没在市场的大潮之下。

4. 加深感官记忆

当一个品牌已经进入市场并且得到了大批消费者在产品品质和品牌形象上高度认同的时候,接下来企业要做的就是迅速将品牌传播到整个市场,让原有的用户群加深记忆并开发潜在客户。要做到这些,一条出众且易记的广告是重中之重。

一条优秀的广告的重要性不言而喻,它既可以提升品牌形象,又可以在潜移默化中让消费者深刻记住品牌。因为好的广告可以引发消费者的共鸣,带动他们的心理感受,继而加深他们的感官记忆。

三、促销计划制订流程:谨慎处理六个环节

促销活动是吸引客户购买产品的常见手段。为了能与目标市场有效沟

通，销售人员必须选择合适的渠道发布信息，同时对市场准确定位，制订行之有效的促销计划。具体可以按以下六个环节来制订促销计划。

1. 确定目标市场

确定目标市场就是确定产品或服务针对的受众。找到哪些人需要产品，哪些人因为产品受益，这部分人群就是目标市场所在。只有找准了目标市场，才能采取最有效的促销手段，并在沟通过程中传达最适合于他们的信息。

2. 确定促销目标

促销目标指的是销售人员期望目标市场对促销活动做出的反应，例如获得购物优惠券增加购物行为。如果销售人员希望通过刺激客户的购物欲望来提高业绩，就要准确地制定各项促销方式与手段以及希望它们达到什么效果，而且这些促销方式要与产品相契合。

3. 确定促销信息

促销信息指的是销售人员在与市场沟通时使用的文字和形象设计。销售人员应该在促销信息中充分表明为什么客户因该促销信息作出反应、所提供的产品能给客户带来什么益处。例如麦当劳的广告中不仅有产品，还有麦当劳叔叔、汉堡神偷、麦克警察等，他们正是麦当劳家庭式文化的体现。

4. 选择促销手段

销售人员向市场传达信息就要选择最有效的促销手段，这样才能精准传达促销信息。

（1）广告。广告一般在电视、杂志和报纸上刊登，要考虑成本、媒体特性以及媒体形象。

(2)销售推广。销售推广包括有奖竞赛活动、优惠销售和样品赠送等多种形式,销售人员可以事前进行试验性操作确定推广方式的有效性。

(3)公共关系。实施公共活动的目的是获得媒体的免费正面报道,以提高社会知名度。

(4)直接营销。直接营销的目的是与客户进行更人性化、个性化的沟通。

5. 确定促销预算

确定促销预算的常见做法是参考竞争对手的促销预算,以此为借鉴,根据企业的具体情况,做出合适的促销预算方案。另一种方法是先列出一份促销预算清单,暂时不考虑钱的问题,然后根据各个项目的重要程度、期望效果再进行调整,直到调整的预算方案可以被接受为止。

6. 确定促销总体方案

当促销总体方案确定以后,销售人员需要不断调整和协调各种促销手段,这一点对保证不偏离预期的促销目标来说非常重要。越详细的计划,越能保证促销目标顺利实现。

第三节 销售后期工作流程设计

销售并非做"一锤子"买卖,销售后的维护也是一项非常重要的工作,这关系着客户是否会回购以及品牌在市场中的口碑。关注客户售后的体验可以提高客户对品牌的评价、增加复购,从而提高品牌声誉,获得更有力的议价权。

一、售后回访流程:关注客户的消费体验

回访客户是一个重要的销售环节,它可以帮助企业了解客户的消费体验,

从而根据反馈信息迭代产品。除此之外，销售人员还可以在回访过程中不断提升客户的忠诚度，让他们变成品牌的铁杆粉丝。

销售人员可以通过电话、短信回访等方式来维系双方感情，以便促成客户的二次消费。例如，在超市里，超市方将客户购买产品所转化的积分存储在为其建立的电子档案之中，通过这种消费积分制度来刺激客户进行再消费，另外通过老客户去发展新客户，这远比自己去发展新客户要容易得多。

在维系客户关系过程中，销售人员需要遵循哪些法则呢？以下几条重要法则对已有客户的维护与再销售具有非常高的价值。

1. 第三天的感谢

销售本身是一种通过经营客户关系从而使组织和相关利益人受益的一种组织形式和活动。但在落实到实际销售过程中时，销售人员如果仅是以自己的利益为中心，而不考虑与客户之间情感上的互动，就会有欺骗之嫌，造成客户购买欲望降低，不会继续进行交易。因此，必须要减少客户的压力，帮客户卸下心中的担子，使他们对于产品甚至是企业都能产生信任感或忠诚感，因此，在客户购买产品后的第三天，就需要给客户拨打电话，向客户表示感谢，感谢他选择了本企业的产品，拉近彼此距离的同时，也使客户能够回忆到产品和企业。

2. 第七天的回响

在销售过程中正确的销售观念应该是本着"互惠互利"的原则对客户进行引导，只有真诚地为客户服务，换位思考，把客户当成自己人，才能真正做到满足客户需求，又能促进自身的业务能力的提高。

因此，此法则要求销售人员在第七天时对客户进行相关的售后服务。如客户购买的是一辆汽车,那么销售人员须在一个礼拜之后电话联系客户,询问汽车的使用情况,并为之提供汽车保养、维修等知识,以全心全意的售后服务赢得客户的信任,从而提升客户对自己以及产品的认可度。

3. 第十五天的朋友

经过前两次与客户联络之后,这时销售人员与客户不仅是买卖方的关系,更成为一种熟人或朋友的关系。销售方应通过电话的形式告知客户近期的促销、产品上新等活动,并询问客户的朋友是否有相关需要,邀约一同前来,以折上折的形式刺激客户的购买欲望,最终不仅提高了销售率,也使客户的黏性和忠诚度大大加强,从而转化为长期的消费客户。

开发一个新客户比留住一个老客户需要更加艰难的操作过程,因此,销售人员要积极维护老客户,发挥老客户的最大价值,牢牢地将客户攥在手里。

二、引导复购流程:让客户重复下单

说服一个新客户下单比说服一个老客户下单的难度要大得多。因此,销售人员要建立完善的复购率监控机制,从数据的角度分析客户的需求特点、复购周期,保证实时跟踪客户群体,以期在客户产生需求的第一时间就递上解决方案。

如何建立复购率监控机制呢?如下图所示。首先销售团队要找到复购客户,对其建立一套专属的监控机制,完善企业的复购客户清单,并对复购客户定期维护。在这基础上,销售团队要对客户进行分类,为客户增加不同的标签便于用户管理与查阅。其次,销售团队需要定期收集客户复购的数据,通过对不同时间段客户复购数据的观察分析调整企业运营策略。

找到复购客户　　　　　　　　　　定期收集数据，进行监控比对

用户分类，添加标签

如何建立复购率监控机制

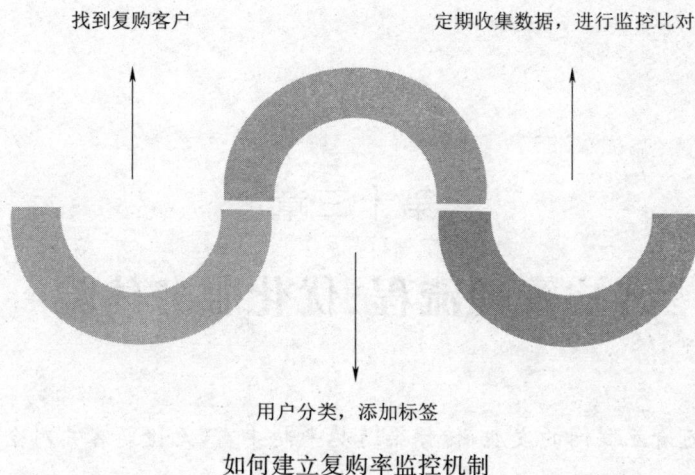

　　客户复购率数据和客户总数可以进行对照观察，以显示客户忠诚度的真实状况。最优状态是复购率保持稳定上升的趋势。当客户复购率和订单复购率出现异常、持平或下降的趋势时，企业需要注意现有针对客户群的复购策略，判别复购策略是否有效，是否具备市场竞争潜力。因此，建立复购率监控机制，保证对客户群的实时追踪是提高市场部门的反应速度的基础前提。

第十三章

客户管理流程：优化服务体验

随着互联网的发展，传播渠道越来越丰富，无论是客户对企业的差评还是称赞的推文，都可能在互联网广泛传播，这对企业口碑和品牌形象会产生巨大的影响。因此，优化客户体验是企业发展业务时的关注重点，企业需设计完善的客户管理流程，从开发、服务到维护、回访，让客户宾至如归。

第一节　客户开发流程设计

开发新客户对企业意义重大，也不是一件容易的事。企业需要先绘制客户画像，多维分析客户信息；然后设计客户调查表，明确客户的预期值；最后预约潜在客户，与客户建立联系。

一、客户画像绘制流程：多维度思考

准确的客户画像对企业明确目标客户有重要意义。客户画像可以将繁杂的客户信息抽象成标签，并利用标签将客户形象具体化，从而为客户提供有针对性的服务。客户画像是依托产品和市场构建出来的，形成的客户角色具有

代表性，能代表产品的主要受众和目标群体。

那么企业怎么做才能实现客户画像管理呢？那就是数据建模，这又离不开对客户行为的分析。

企业如何根据客户行为，构建模型产出标签、权重？首先构建一个事件模型，包括：时间、地点、人物三个要素。每一次的客户行为本质上都是一次随机事件，包括：什么客户、什么时间、什么地点、做了什么事。

什么客户：关键在于对客户的标识，区分客户、单点定位。

客户标识方式

用户标识方式	效　　果	备注（局限性）
Cookie	互联网使用最为广泛的方式，能够标识匿名、未注册用户	通常有一定的有效期，不易跨浏览器、设备
注册 ID	各家网站的用户标识，最常见的互联网会员管理方式	用户注册意愿越来越低，需要投入大量推广运营成本
E-mail	互联网早期较为常用的用户标识方式。目前依然有一定的占有率	一人有多个 E-mail 很常见。因此标识会损失些准确性
微博、微信、QQ	当下业内共识的第三方登录 ID，提供 OAuth 授权机制	标识准确性、持久性上是个较好的折中方案
手机号	移动端最精准的标识	较难获取，视产品激励用户填写意愿
身份证	最官方的标识	难获取，视产品激励用户填写意愿

以上这些客户标识方法的获取方式由企业的客户黏性而定，可以获取的标识信息有所差异。

什么时间，有两个重要信息：时间戳＋时间长度。时间戳是为了标识客户行为的时间点，通常精度到秒即可。时间长度是为了标识客户在某一页面的停留时间。

什么地点：客户接触点，包含了网址与内容两层信息。网址：每一个 url 链接定位了一个互联网页面地址，或者某个产品的特定页面。比如电脑上某电商网站的页面 url,手机上的微博、微信等应用的某个功能页面。内容:每个 url 网址中的内容。比如单品的相关信息:类别、品牌、描述、属性等。每个互联网的接触点的网址决定了权重;内容决定了标签。

例如客户在京东商城浏览红酒信息,与在品尚红酒网浏览红酒信息相比,客户表现出对红酒喜好度必然有差异,因此不同的网址存在权重差异,权重模型需要根据各自的业务需求构建。

什么事:客户行为类型,以电商为例,有如下典型行为:浏览、添加购物车、搜索、购买、收藏等。不同的行为类型产生的标签信息具有不同的权重。

综上分析,客户画像的数据模型有一个具体的公式:客户标识+时间+行为类型+接触点(网址+内容),即明确客户在什么时间、地点、做了什么事,打上相应标签。

当客户标签的权重因时间变化衰减时,将时间定义为衰减因子,行为类型、网址决定权重,内容决定标签,公式为:标签权重=衰减因子×行为权重×网址子权重。

对很多企业而言,所有在数据建模和客户画像方面的投入,根本目的还是提升业务,所以如何将数据建模的结果进行落地就成了尤为关键的一环。客户画像输出的所有标签都需要通过某种渠道抵达客户群。这就涉及会员管理系统,企业通过会员管理系统记录客户的信息,会员无论是通过线上小程序、商城购买,还是进行线下购买,会员管理系统都会把这些数据收集起来,自动生成图表,企业通过系统后台可以看到这些数据,然后根据这些数据结合企业情况去分析消费者背后的爱好等,实现实时快速的会员管理。

二、客户调查表设计流程:明确 PUV 组成

为了增加可持续竞争优势,企业必须以最低的"可察觉价格"向客户提供

最高的"可察觉使用价值"（PUV，Perceived Use Value）。PUV 表示了顾客对于预期购买的产品和预期使用产品时的期望满意度，这是一个相对广义上的质量概念，企业可以针对顾客的 PUV 设计调查表，再针对 PUV 中的核心内容进行修改，提高企业的核心竞争力。在调查表中需要涉及的内容有如下几项。

（1）使用人。针对不同行业可以进行不同方式的提问，例如：对于 4S 店人员，可以询问驾车人性别驾龄、家庭需要；对于房地产销售，则可以询问购房人的家庭因素、是否婚育等，通过使个人情况进行基础需求判别。

（2）心理预期。预算价格是客户在购买商品时不可或缺的一部分考虑因素，而商品价格自然与商品性能相挂钩，顾客在对整体行情进行了解后会形成一定的自我判断，对预算的价格能够购买到的商品也有一定期望值。

（3）影响因素。通过询问影响购买的影响因素，判别企业在行业内的核心竞争力及与市场的关系。

（4）其他内容。由于各行各业面临的问题重点不同，所以企业制定的需求预估也不同，基于这样的基础，企业需要根据自身情况进行相关问题的设计与叙述。

通过以上几点内容，可保证以客户为主导的需求调查表尽可能的健全完善，对各层面内容尽可能覆盖完全，这样使调查表得出的数据能够相对准确地反映客户的 PUV 构成，并通过数据对企业产品、经营理念进行修正。

三、潜在客户预约流程：排位十通知

邀约潜在客户，这是与潜在客户建立联系的常见方式。服务人员需要注意，想要获得潜在客户的好感，邀约客户就不能只是例行公事，否则邀约电话

就会变成骚扰电话，惹人厌烦。服务人员要对症下药，从潜在客户可能存在的需求入手，耐心引导，引发他们对产品的好奇心。

在对潜在客户进行邀约前，服务人员可以先致电讲述企业运营内容、企业产品优势，并帮客户进行排位，为客户留下产品火爆、机不可失的印象，而后服务人员再通知客户来店试用，其成功率会远高于直接邀约。同时这样的行为还能够筛选出一批对产品兴趣度较高的优质客户作为意向客户。服务人员对潜在客户致电时需要根据如下流程进行邀约。

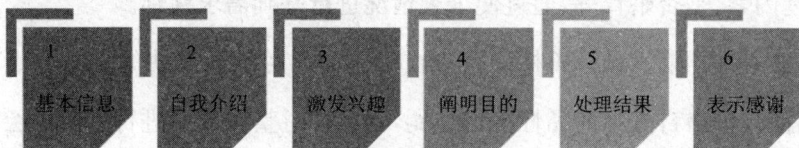

| 1 基本信息 | 2 自我介绍 | 3 激发兴趣 | 4 阐明目的 | 5 处理结果 | 6 表示感谢 |

邀约流程

（1）基本信息。其中包括潜在客户的姓名、地址、电话等诸多内容，事先对客户进行了解能够有效提高顾客的好感度。此外对于销售经验不足的服务人员而言，还应准备一份电话沟通的提纲，保证在与客户沟通时能够对答如流，保证自己的专业水平能够高水准发挥。

（2）自我介绍。作为服务人员，应学会言简意赅地介绍企业业务与产品，要热情响亮地表达出自己来电的意愿，以防顾客在叙述未到达其兴趣点时便直接挂断。

（3）激发兴趣。服务人员需要通过沟通技巧激发用户的潜在兴趣，以维持谈话的持续进行，兴趣点的设置尽可能在电话沟通前段进行释放，以达到最好的邀约效果。

（4）阐明目的。讲述项目产品的优势内容后可以直接向潜在客户阐明来电目的，询问客户是否需要进行初步的预约排位，并通过提供足够的信息表明自己的态度。

（5）处理结果。针对意向客户表示愿意进行预约或是不愿参与的回应，服务人员均应进行相关的记录，同时将预约的客户归纳为意向客户。

（6）表示感谢。无论客户是否预约成功，服务人员致电结束前都应该向潜在客户表示感谢，以文明礼貌的用语给客户留下较好的沟通体验，保证后续合作的可能性。

通过邀约流程的完整制定，可以保证员工在进行潜在客户预约的过程中能够通过良好的话术、销售技巧、礼貌用语等方式给潜在客户留下较好的印象，促进后续交易的达成。

第二节　客户服务流程设计

企业服务客户的过程，是客户产生体验的重要时刻。想要获得客户的完美评价，就必须把握好接触客户的每一个时刻，包括响应、沟通、处理投诉等，力求为客户创造完美的消费体验。

一、客户响应流程：商品识别＋数据支持

客户响应是指对客户需求的回应，即第一时间将商品信息传递给客户，并做出服务动作。客户响应越迅速，越能增强客户的好感。提升客户响应速度，离不开商品识别和数据的支持。

什么是商品识别？

简单来说，每一家企业生产产品后，都会有一个专属于产品的 logo，通过这个 logo，能让客户在第一时间认识自己的产品。传统的一维码和二维码也

都属于商品识别的范围。另外，商品质量的基本要求，比如 ISO 9000 这种体系，也是对商品的一种识别，用商品质量定义商品。

商品最终都要流通，有时还可能会跨界，商品每流通到一个国家，比如从中国到美国、到日本，每个国家对同一件商品都有自己的定义，根据商品的流通环节考虑税收等相关问题。

以上这些都是商品识别所涵盖的内容，即商品识别就是识别商品及其相关属性。它的属性与它的类别、质量、产地、规格、商标、外观设计等相关。

A	产品的logo
B	一维码和二维码
C	商品质量的基本要求
D	不同的商品定义

商品识别

通过商品识别，企业能更好地对商品进行分类以及为客户提供优质的服务，快速响应客户的需求。

利用商品上的识别标识、条形码等直接进行扫描，企业能实时跟踪各种商品的销售、库存以及使用情况，及时为客户解决问题。

要想获得这些商品识别的方式，需要有数据管理做支撑。我们以企业的呼叫中心为例。

在企业中，呼叫中心一方面向客户传递企业的商品及服务信息，对外树立企业形象；另一方面需要向企业各部门反馈客户需求，不断优化企业的商品和服务。

呼叫中心每天承接的客户信息数据量非常大，在向企业内部各部门传递和反馈时，需要根据各部门的需要进行整理和加工数据，根据各部门的职责设定不同的反馈侧重点。要想做到快速客户响应、采取措施，就必须对数据进行深入挖掘和管理。

商品识别为企业提供客户响应的方向，数据管理是客户响应的技术支持，二者缺一不可。

二、客户沟通流程：完善 CRM 系统

CRM 系统一般指客户关系管理系统，它以客户数据为管理核心，记录市场营销和销售过程中与客户交互的各种行为，为后期的分析和决策提供支持。

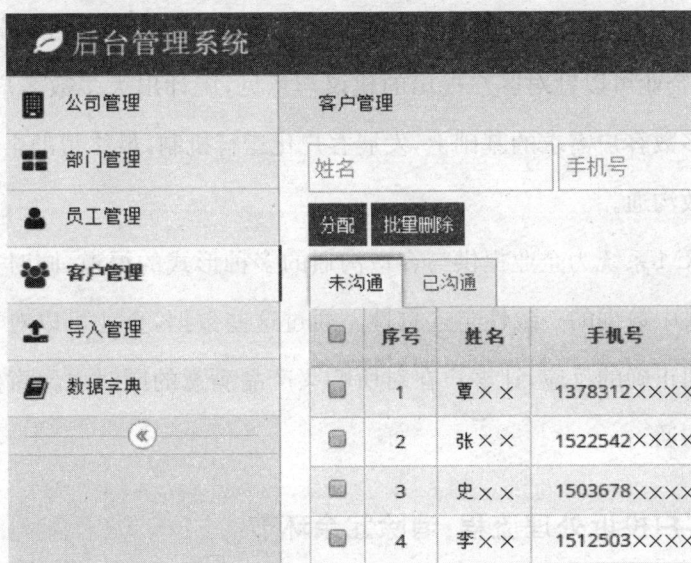

CRM 系统

为满足每个客户的需求，企业要与每个客户建立联系，了解客户的不同需求，利用 CRM 客户关系管理系统建立有效的沟通机制，并在此基础上实施"一对一"的个性化服务，更好地实现与客户间的互动，采集客户的反馈意见，解决客户遇到的问题，最终与客户建立良好的沟通关系，产生更多的销售机会，提升企业盈利指数。

企业具体应该怎么做？

(1)重视基层部门、员工与客户的有效沟通,也要重视与客户高层的战略沟通。

由于受到主观或客观因素的影响,企业与客户之间容易出现承诺与期望不一致、沟通效果差等问题,因此企业要在认真分析客户的基础上,制定争端协调机制,协调解决分歧或出现的问题,从而实现沟通的有效性。

(2)利用 CRM 系统,企业可根据客户需求调整企业市场运转的方向。企业可以在 CRM 客户数据库里分析客户的地域特征与消费习惯,满足客户需求。

同时,企业可以针对客户提出的建议与意见,统计出大多数客户的需求,在满足大多数客户需求的基础上,发展客户化运行机制,最终帮助企业实现与客户的有效沟通。

(3)CRM 系统为企业提供与客户沟通的多种形式的渠道,同时又确保这些沟通方式中数据的一致性与连贯性。通过这些数据,企业可以对客户要求做出迅速而正确的反应,让客户在对所购买产品满意的同时也愿意保持与企业的有效沟通。

三、客户投诉处理流程:消除冗余环节

投诉处理也是一项非常重要的工作,妥善处理纠纷,不仅可以安抚客户,避免纠纷扩大,还可以向客户证明企业的规范性,重新赢回口碑。

因此,企业必须迎接挑战,坚持以客户为中心,全力做好客户售后管理,服务好客户,维护好产品,树立好口碑。企业不仅要搭建一个能满足客户需要的售后队伍,更需要确保这支队伍能高效运作,带给客户及时、高效、专业、快捷的全程式服务。

企业要想实现这一目标,就离不开企业各部门之间的配合。当客户有售

后需要时，企业中的任何人都要具备为客户解决问题的意识与能力，使客户反馈的问题快速得到解决。

一般情况下，直接面向客户的窗口部门是服务部门，当客户提出售后服务问题，或客户对产品投诉后，服务部门首先要对客户提出的反馈进行判定，指导客户自己试着排除故障，必要时要由服务部门安排相应人员上门服务以解决问题。

服务部门要将从售后服务中得到的反馈信息与生产部门、质量部门或研发部门分享。最好每个月召开一次质量信息分析会，销售、采购、生产、服务、质量和研发等部门人员共同参与，对这一阶段的客户售后问题进行讨论研究，看是否需要进行产品升级，以提升产品的质量。

热情、真诚地为客户着想才能使客户满意。所以，企业要以不断完善服务质量为突破口，以便利客户为目的，用一切为客户着想的服务理念来获得客户的认可。

第三节　客户维护流程设计

做好客户维护是提升客户忠诚度、增加复购的重要工作，包括售后跟踪，时刻与客户保持联系以及有针对性地回访客户，创造更高的客户价值。

一、售后跟踪流程：与客户保持联系

忠诚的客户是靠不断维护换来的。销售人员在产品销售后也要与客户保持联系，向他们发送新产品信息或优惠活动，以此来加深客户对产品印象，增加他们再一次选择产品的概率。

那么,究竟该如何与客户保持联系呢?具体分为以下几步。

1. 组建 QQ 群或者微信群

通过组建 QQ 群或微信群,将未消费的客户和已消费的客户分别邀请入群。这样做的好处:一是便于销售方与客户之间、客户内部之间进行交流;二是可以让客户第一时间接收到产品的上新优惠情况、价格的变动、产品升级、售后等信息;三是有助于培养客户的忠诚度,从而产生老带新、转介绍等效应,打造产品粉丝圈的凝聚力与向心力,更有利于日后产品的销售。

2. 及时更新产品信息

客户受邀进群的主要目的多是以产品为中心。所以销售人员应尽可能地在产品问题上花心思并着手开展工作。多数情况下,客户对于产品并非像销售人员那样了解全面,所以销售人员应本着对客户负责的态度,在群里及时更新产品信息,并耐心解答来自客户的问题。但群里更新信息也会有一定弊端,信息更新太多会造成群信息的冗余,并且客户也不能筛选出自己所需要的信息。这时就应考虑将产品信息以公众号形式进行告知,群主要作为问题解答之用。

3. 打造家族群互动空间

最理想的 QQ 群或微信群应该像微信家族群一样,通过群内部交流沟通维系家族成员之间的关系,提高家族凝聚力。作为销售人员,需要广交天下朋友,真正为客户考虑,把客户当作自家人。客户就是全心服务的群体,将这个群体以一种固定的方式联系在一起,不仅有助于提高服务效率,还有助于扩大服务范围,更有利于提高企业核心竞争力。

在组建客户群时部分销售人员总会认为,QQ 群和微信群只是简单地将客户放在一起，其实这样的想法是非常错误的。建群的真正核心在于以后如何"经营"。建群的主要目的是维系客户与销售方的关系，这就需要在实际操作时增加群成员活跃度，精准引流。比如定期发放群福利，组织开展群活动，做一些小游戏等。通过群成员活跃度来精准服务对象，并利用群资源扩张客户，用客户发展客户。

与客户的交往，不应仅停留在口头上，还应落实在实际的行动中，不只在平时的互联网社交里，还应体现在电话、短信等各种联系方式上，让客户看到企业的诚意，让客户明白企业的诚心，在建立群的同时还要注意到群中的秩序，让客户得到一个良好的群体验，减少不活跃粉丝数。这是销售人员与客户保持联系的有效途径。

二、客户回访流程：进行有针对性的回访

回访客户对提高客户满意度有着重要作用，它既可以获得客户对产品的反馈，还可以让服务流程形成闭环，给客户更好的体验。然而，回访客户并非只是打电话进行简单问候，而是要有针对性，从中知晓客户的需求，从而创造更高的客户价值。客户回访具体有哪些做法？

细分工作　　客户需求　　回访方式

企业如何提高回访的针对性

1. 细分工作

在客户回访之前，企业要对客户进行细分。具体的细分方法由企业根据

自己的实际情况进行划分。

客户细分完成后,企业需要针对不同类别的客户制定不同的服务策略。

上海一家服装公司根据成交量把自己要回访的客户划分为:高效客户、高贡献客户、一般客户与休眠客户等。另外,因为这家公司还开设了电商服务,又根据地域进行了分类,国内按照省市分类,如山东、北京、上海等,为了便于管理,又将各个省市进行细分,按照地区等分类。

客户回访前,企业一定要对客户进行详细的分类,以增强回访的效率。

2. 客户需求

企业通过细分确定了客户的类别后,要有针对性地了解客户的需求,最好在客户主动联系或反馈之前,企业就进行客户回访,这样更能体现客户关怀。

很多企业都制定了定期回访制度,这不仅可以直接了解产品的实际使用效果,还可以了解产品在应用过程中的不足之处,更重要的是要体现企业的服务,维护好客户关系。因此,企业在回访之前一定要先明确客户需求,根据客户需求制定相应的回访办法,这样才能提高回访的实际效率。

3. 回访方式

从形式看,客户回访有电话回访、邮件回访、社交软件回访以及当面回访等不同形式。企业要根据前两点来选择回访方式。

从销售周期看,回访方式有三种。

定期回访。这一方式要求企业合理安排回访的时间,比如可以以产品销售完成后的一周、一个月、三个月、六个月为时间段进行定期回访。

售后服务之后的回访。这样的回访方式可以体现出企业的专业能力。如果在回访时发现了产品问题,一定要及时解决,将客户的负面认知消灭在最小的范围内。

　　节日回访。这个比较简单，企业可以在平时的一些节日里回访客户，同时送上一些祝福，以此加深与客户的联系。

　　无论企业选择哪种回访方式，都离不开对客户的了解，只有有针对性的回访，才是高效、有实际作用的回访。

第十四章

共享服务中心:流程标准化与规模化

近年来,各种高新技术的迅猛发展,让数据成为驱动企业发展的关键要素,共享服务中心(SSC,Shared Services Center)由此也应运而生。共享服务中心是企业运营的重要组成部分,可以为企业提供端到端的全流程管理,从而实现业务流程的标准化和规模化。

第一节　流程需要标准化、体系化

如果一项模糊的工作可以被分解成为几个可以量化的数字指标,那么管理工作就会变得更加高效,所有问题也会清晰地被显示出来。想要让流程高效、顺利地执行,就需要形成标准和体系,剔除冗余,打通各环节,缩短执行时间并提升执行效率。

一、找出阻塞环节,打通现有流程

如果将流程执行一遍后并未获得预期的价值,那么,就说明这个流程是没有意义的。当下市场需求和技术条件飞速更新,如果流程不能一起更新,那么流程的作业效率就会降低。只有清理出现有流程的阻塞环节,才能打通流程,在总体上缩短流程周期。

分析现有流程是否出现问题，要从以下几个方面着手。

1. 组织功能障碍

技术的更新改变了员工的工作方式，团队的沟通协同变得更加方便，这就导致原有的沟通流程产生冗余，成为拖慢业务进度的元凶。

2. 重心转移

工作重心的转移也会改变现有流程。例如，过去产品对企业具有决定性的影响，但是如今客户的体验与需求成为业务重点，所以企业业务的关键流程也要发生一定的转移，才能抓住市场的动态。

3. 可行性变化

如今，市场和技术是影响企业发展的两个变化最快的因素，但企业并非要对所有的变化作出反应。企业需要根据自己的实际情况，分析变化特点，按照轻重缓急，再造现有流程。为了让解决方案切实可行，管理者最好深入现场，直观发现制约因素，具体分析现有流程的问题。

二、合并/剔除不必要的环节

不必要的环节是拖慢工作进度的重要原因，企业需要剔除这些冗余和重复的环节，才能建立标准化、体系化的流程。华为从小作坊运营转变为规模化运营，流程优化居功至伟。那么，华为是如何在流程管理中删繁除冗的？

1. 精简冗余

曾经的华为也是管理者紧握决策权，而这样的管理方式让企业中有过多的流程控制点,既阻碍了上传下达的流畅性,也磨灭了员工的热情。

因此华为优化流程的第一步就是去除流程中的冗余环节,精简各个工作环节,提高整体工作效率。很多华为的中层管理者的一项重要工作就是分析工作流程的网络图,寻找可以去掉的多余环节,尽全力降低工作延误的可能。

2. 合并同类项

精简流程的另一种方法是合并同类项。这项工作的作用是集零为整,叠加优势,消除劣势。在华为,如果管理者找不到可以删除的环节了,就会换个思路,将两个或两个以上的环节合为一个。例如工序的合并、工具的合并等。环节分得太多会导致每个环节之间的生产能力不平衡,有的环节缺人手,有的环节人浮于事,将这些环节加以合并,可以集中资源,提高生产能力。

3. 合理排序

华为要求员工参与管理,不断优化工作流程与工作质量,改革一切不合理流程。那么,如何改进不合理的环节呢?华为通过"何人、何处、何时"来确认流程中各个环节的安排是否合理,以使各个环节保持最佳的顺序。

何人指的是该环节由谁操作?管理者需要分析负责该环节的人是否合适,其能力与岗位是不是最匹配的,保证每个环节的负责人都是经验丰富的员工。

何处指的是操作场所之间的距离是否便于工作交接?管理需要分析不同环节的工作场所是否安排合理,以此来缩短工作交接时间,保证操作者可以最快、最方便地使用仪器、协同工作。

何时指的是从第一个环节开始至最后一个环节结束的时间。这个时间是总的工作耗时,需要包括各个环节交接的时间、机器故障引起的延迟时间、员工出现问题耽误的时间等。管理者需要考虑到各种情况，得出一个合理且有紧迫感的工作截止日期。

三、流程体系化离不开长效机制

流程体系化是指建立一套可持续维持企业高质量运营的有效流程。这个过程离不开长效机制。因为只有帮助企业中的每个人养成一种思维习惯，即在遇到问题时，依靠流程化思维模式去解决，才能让流程长期有效。

建立长效机制，需要以三大核心体系为支撑。

1. 优化体系

在企业发展过程中，不能一直依赖外部资源，要建立自有的优化体系，不断发现运营过程中面临的问题。针对这些问题，设计解决方案，并制定具体量化指标衡量问题是否得到解决。

2. 训练体系

训练体系指的是为了保证流程的规范执行，管理者在企业内部推行的让员工快速掌握流程的培训方法。

3. 稽核体系

稽核体系是为了确保流程规范能有效执行，管理者在企业内部建立的持续追踪流程执行的管理规范。如果管理者只是发现问题，制定解决方案，但后续不关注流程的落地和执行情况，那么问题将可能反复发生。

例如某快餐连锁店，存在纸巾用量大的问题，这给餐厅带来很大的成本浪费。在意识到这个问题后，总公司开始追溯问题产生的原因，最初得到的结论是因为顾客经常单独向服务员索要纸巾，所以导致纸巾用量大。但经过实地考察后发现,顾客主动索要纸巾的情况并不常见,真正造成纸巾用量大的原因是服务员提供纸巾比较随意。

针对这个原因,总公司制定了解决方案,将所有菜品分类,不同的菜品提供不同数量的纸巾。经过长期的员工培训和总公司的持续执行追踪,这一标准化流程落实到每家餐厅的经营管理中,最终实现了纸巾用量水平整体下降。

综上所述,企业想要建立体系化流程,需要将流程思维变成日常经营管理过程中的一个习惯。只有企业具备不断自我优化提升、自我流程再造的能力,才能规避成长过程中的种种问题,持续健康地发展。

第二节 共享服务中心:集中处理管理问题

共享服务是指将组织内原来分散在各业务单元的事务性工作,如行政后勤、维修支持、财务收支、投诉处理、售后服务、IT 管理服务、法律事务等,集中到一起成立专门的部门来运作,从而实现内部服务市场化,为各业务单元提供标准化的高效服务。而共享服务中心就是这一部门的名称。

一、共享服务中心的三种模式

共享服务中心作为一种战略性业务架构,在全球范围内都受到了广泛的欢迎。20 世纪 80 年代初,福特公司就在欧洲成立了财务服务共享中心。随后,杜邦和通用电气公司也建立了相似的机构。20 世纪 90 年代初期,海尔集团、新奥集团、中国网通等开始使用共享服务中心管理模式。

例如百胜中国所建立的共享服务中心,以追求最佳生产力为目标,业务涉及范围包括人力资源、财务管理、组织架构、系统设计等多个领域,实现了业务流程的标准化、规模化、可复制,极大地提升了百胜中国的运营效率。

共享服务中心一共有三种模式,第一种是由企业自主成立的共享服务中心,此种类型的共享服务中心完全由企业自己搭建,没有第三方助力;第二种是企业将共享服务中心外包给第三方机构,即由 BPO(Business Process Outsourcing,服务外包业务)中心去搭建;第三种则是企业和 BPO 中心共建的共享服务中心。

1. 企业自主成立的共享服务中心

企业自主成立的共享服务中心通常是大一统的模式,即无论企业内部有多少种业态,都由企业自己完全包办。该类型的共享服务中心向企业内部所有成员提供服务,能够减少不同部门和系统对接的成本,也可以减少重复投入的成本,更大限度地发挥规模化效益,也便于企业的集中统一管理。

2. BPO 中心成立的共享服务中心

此种类型的共享服务中心是指将企业的共享服务中心搭建工作外包给第三方机构,能够降低企业的投入,提高企业的利润。但需要注意的是,外包给第三方的共享服务中心业务中通常不会包括企业的核心业务,一般只包括数据录入、图纸设计等基础业务。

3. 企业与 BPO 中心共建的共享服务中心

企业与 BPO 中心共建的共享服务中心覆盖范围更大,在减小企业投入成本的基础上,还能够涵盖更多类型的业务,例如人力资源、财务、信息安全等。无论是企业的核心业务还是基础业务,都可以包含其中。

二、共享服务中心的优势与劣势

共享服务中心可以在财务、人力资源管理、信息服务、客户服务、法律事务等诸多方面提供专业服务,其优势体现在三个方面。

(1)降低成本。共享服务中心可以从两方面降低成本,一是在保证业务量不变的情况下减少人员;二是在人员不变的情况下增加业务量。随着公司规模的不断扩大,公司业务量必然会逐渐增加,这时如果可以只增加少量人员或者不增加人员,那么就可以为公司节约很多运营成本。例如某企业在亚太地区的所有分公司的财务工作,都集中在天津经济技术开发区的亚洲会计中心处理,而这个会计中心仅有180人,大大节约了公司财务工作的成本。

(2)把复杂的工作变得更简单,工作效率进一步提高。共享服务中心可以将公司中实施的政策、工作流程、检查标准统一,使工作效率提高,信息共享,实现了资源的集中调度使用。

(3)共享服务中心的意义不仅在于节约成本。共享服务中心可以帮助各个业务单元处理一些烦琐、重复性强的工作,使其更专注于自己的核心业务。另外,共享服务中心提供了一个标准的工作程序,有效避免了不同部门的执行偏差,使管理数据可以在统一的标准下比较,从而对决策更有价值。

凡事都有两面性,共享服务中心虽然可以节约成本、提高效率,但也存在一些弊端,主要体现在两方面。

(1)共享服务中心的介入使得公司整个运作模式都需要重新调整。以前公司内部由各部门自行负责的业务,现在要由共享服务中心和部门共同负责,因此共享服务中心与享受其服务的公司各部门属于合作关系。享受服务的部门是信息所有者,共享服务中心是信息提供者,而有时信息所有者和服务提供者可能会对某一工作产生分歧,从而导致合作关系不融洽,降低工作效率。

(2)有的规模庞大的公司可能需要成立跨国共享服务中心,面向全球分公司提供服务。这对共享服务中心的人员素质要求非常高。而普通共享服务中心多是程式化的、重复的简单工作。例如某公司的共享服务中心招聘了一批具备优秀外语水平应届毕业生，这些人在共享服务中心工作两三年后，就辞职另谋出路，这加剧了共享服务中心的人员流动性，也让共享服务中心成了其他企业的"人员培训中心"。

第三节　如何建设共享服务中心

本节为大家介绍如何建设共享服务中心，包括 HRSSC（人力资源共享服务中心）、ITSSC（信息技术共享服务中心）、FSSC（财务共享服务中心）的建设。

一、HRSSC：提供人力资源统一服务

随着互联网的发展，企业纷纷从重资产转型为轻资产，为了进一步聚焦于核心业务，非核心的业务都会逐渐外包化，人力资源业务也不例外。如果体量非常大的公司，则有必要自建人力资源共享服务中心（HRSSC，Human Resources Shared Services Center）。

HRSCC 系统最常见的业务包括：

（1）人事信息管理：共享的员工信息档案；

（2）薪酬中心：集中管理所有业务单元的薪酬福利、社会保险、奖金核算等工作；

（3）员工招聘：集中招聘渠道，建立统一的后备人才库；

（4）劳动合同管理：集中管理员工的劳动合同签订、续签、解除等工作；

(5)员工培训：统一进行新员工培训；

(6)员工建议处理：员工建议流程标准化，快速响应处理；

(7)咨询与专家服务：为员工解答公司制度方面的问题。

企业在建设 HRSSC 时要定义好职责范畴，界定好需要 HRSSC 解决的问题，不要将所有的问题都放在 HRSSC 解决。

1. 正确选择 HRSSC 服务范围

不是所有的人力资源业务都适合划入 HRSSC，那些重复性高、业务流程标准化、需求清晰的业务应该优先进行转移。

2. 科学的建立方式

公司要对 HRSSC 的人员组成、地址等进行科学的规划，既能降低成本，又要兼顾未来业务的发展。

3. 逐步实施，降低风险

HRSSC 无法短时间建成，管理者和有关人员要在建设期间暂代事务性工作或者成立临时工作小组来承担还未转移到 HRSSC 的工作。

4. 依靠系统实施自助化服务

公司要依靠先进的技术，将人力资源服务进行网络化、自助化，提升网络自助服务能力，并改变公司上下员工面对面获取人力资源服务的习惯。

下面介绍京东是如何建设 HRSSC 的流程。

1. 方向清晰

(1)以员工需求为中心：为了减少获取服务的时间成本，京东将所有的业务内容在服务大厅里做一站式展示。

（2）以信息系统为支撑：京东强大的信息系统足以支持十万人的精细化服务。

2. 目标明确

（1）快速交付：京东的 HRSSC 能在第一时间解决员工的问题。

（2）合规合法：京东的规章制度都是从 HRSSC 统一发布的。

（3）关注体验：京东的 HRSSC 在服务流程设计上加入了人文关怀。

3. 分步实施

第一步，可行性研究：确定公司 HRSSC 建设的时间、规模等。

第二步，项目规划：确定 HRSSC 的业务框架和实施范围，搭建和规划 IT 系统。

第三步，HRSSC 选址：选择一个既方便员工又得体的服务大厅实体。

第四步，流程再造：从传统的人力资源部门切出一些工作放到 HRSSC 中，这也是 HRSSC 落地难点。

第五步，迭代优化：通过试运营，完善相关工作，包括前后台工作流程、系统实现等。

京东的 HRSSC 的搭建是企业中比较成功的案例，做到了先梳理业务再搭建系统，并且实现了数据化管理，成功帮助企业提高了工作效率和服务质量。

二、ITSSC：推动信息化管理变革

在信息化时代，IT 系统的重要性日益体现，不容有微小的波动或故障。因此，提升 IT 部门工作效率，完善企业信息化水平成了企业运营中的重要一

环。在如何解决这一问题上，企业信息化部门一直非常关注将 AI 业务与场景融合。例如，科技公司就依托自研 AI 技术，致力于帮助运维部门打造优质的 IT 服务。

信息技术共享服务中心（ITSSC）作为 IT 系统共享服务中心，其特性在于为不同的 IT 运维工程师提供整体的智能服务解决方案，实现了机器人解答和解决 IT 运维工程师在之前碰到的大量重复简单的工作咨询问题，帮助运维工程师解决了简单高频的问题，从而释放工程师的时间和精力，使他们可以投入到更为复杂的工作中去。运维工程师在工作中经常遇到的大量简单且重复的问题，比如："怎么重启软件？""怎么重置密码？"等就可以通过 AI 智能引导得到解决。同时在 ITSSC 引入 AI 知识库后，AI 知识库也同时能够在解决问题的过程中快速积累并更新智库，助力 IT 运维工程师高效完成后续工作。

ITSSC 的应用为企业带来了以下便利。

1. 高效性

AI 知识库可以快速分辨出工作场景中出现的问题，判断是否需要推送给运维工程师解决。所有简单重复性的问题都可以由机器人解答，解答不了的再转人工，大幅度缩减了分配转接给运维工程师的时间和工作量。

2. 智能化

AI 知识库的引入能在运维工程师解决问题的过程中将新的解决措施纳入智库中，逐步提升解决效率、减少问题遗漏。

3. 整合性

企业的运维工程师归整在同一个信息平台，整合了所有资源和信息。存在的问题和解决进度一键可查，实现了各级运维人员的信息互通、高效协作。

由此可见，高效的 IT 运维系统对企业至关重要，而 AI 知识度加持的 ITSSC 能够大幅度提高 IT 运维工程师的工作效率，节省 IT 人力成本，从而更高效实现 IT 运维的价值。

三、FSSC：财务管理集约化

财务共享服务中心（FSSC，Financial Shared Service Center）是 20 世纪七八十年代出现的，并在现在流行起来的企业集中式管理模式在财务管理上的最新应用，其将企业内分散的、重复的财务基本业务集中到一个新的、独立的财务组织进行统一处理，为企业集团集约化财务管理模式的构建提供了一条行之有效的路径。

FSSC 的基本架构可以概括为"三项核心功能、四个管理机制、两套保障体系"。通过界定核心功能、固化管理机制、明确保障体系，并确保这些要素之间充分协同运行，提升财务共享服务的运作效率与服务质量，充分发挥财务共享服务职能。

1. 三项核心功能

（1）"全过程"会计核算

FSCC 覆盖到了会计核算的整个环节，将企业的大部分税务工作通过规则设计与嵌入纳入共享服务范畴。"全过程"会计核算有效提高了会计核算的效率。

（2）"集中式"规范监督

FSSC 在集约化管理的过程中，也将财务风险控制点嵌入共享业务流程，对财务业务全过程进行监控，起到了有效的监督作用。

（3）"实时性"信息支撑

FSSC 在信息整合的过程中会产生很多信息的生产者和管理者，多方整合信息可以实时展示最新的信息，提供全面的会计信息服务，有效支持各业务单元的信息需求。

2. 四项管理机制

（1）组织变革

财务共享服务突破了原有的管理模式，将多方主体纳入统一的管理体系当中，提高了 FSSC 岗位的专业性，提升了操作效率与质量。

（2）流程创新

建立规范的流程创新机制，让各财务主体不再受信息差的影响，建立有效的双向沟通机制。

（3）质量控制

建立有效的质量控制机制，能够及时发现业务操作过程中的错误与疏漏，并及时进行解决。

（4）绩效管理

建立科学的绩效管理机制。FSSC 突破传统财务部门的管理模式，通过指标监控、绩效分析、量化考核等方式，对纳入财务共享的业务进行全方位、全过程的绩效监控。

3. 两套保障体系

（1）标准化保障

集团公司一般拥有较多的子公司，拥有一套完整的标准化体系对其财务共享服务的业务进行规范和各项业务的高效展开具有重要作用。

（2）信息系统保障

健全信息系统保障。概括来说，FSSC 的信息系统包括核心业务平台（如 ERP 系统、SAP 系统）、辅助业务平台和辅助管理平台，各系统之间相互集成，为财务共享提供信息化支撑。